浙江智库
ZHEJIANG THINK TANK

2024年
第1辑

政党与现代国家发展

中共浙江省委党校全面从严治党研究中心
《政党与现代国家发展》编辑部
主编

创于1897 商务印书馆 The Commercial Press

图书在版编目（CIP）数据

政党与现代国家发展.第1辑/中共浙江省委党校全面从严治党研究中心,《政党与现代国家发展》编辑部主编.北京:商务印书馆,2024. -- ISBN 978-7-100-24612-5

I.D26-53；D564-53

中国国家版本馆CIP数据核字第2024R7U300号

政党与现代国家发展

第1辑

中共浙江省委党校全面从严治党研究中心

《政党与现代国家发展》编辑部

主编

商务印书馆出版

（北京王府井大街36号　邮政编码100710）

商务印书馆发行

北京虎彩文化传播有限公司印刷

ISBN 978-7-100-24612-5

2024年11月第1版　　开本 720×1000 1/16

2024年11月第1次印刷　　印张 12¾

定价：98.00元

《政党与现代国家发展》出版说明

政党是现代国家治理的重要主体，政党政治是现代政治的主要运作方式，政党制度则是现代政治运转不可或缺的基础。政党与现代国家发展交互影响、息息相关，两者同为政治学、党建等学科最核心的研究领域。总体来看，相对于上述研究领域的重要性，相关的学术专刊或专题出版物仍然偏少，这种状况需要通过学界的共同努力来改变。在商务印书馆的业务支持和浙江省首批新型重点专业智库——中共浙江省委党校全面从严治党研究中心的经费支持下，我们决心做出一点尝试，期望为推进相关领域的学术研究贡献些许绵薄之力。

《政党与现代国家发展》拟通过连续出版的方式刊发关于当代世界政党政治的理论与实践，尤其是聚焦中国共产党的学术文章。具体来说，我们关注的学术议题主要涵盖但不限于以下方面：习近平新时代中国特色社会主义思想研究、中共党史与党的建设、政党与国家、政党与社会、政党法规制度、新技术与政党、世界政党比较、政党研究方法、地方党建创新等。

编辑部在2022年年底即已完成《政党与现代国家发展》第一辑的初稿汇编，但由于多种原因，最终出版时间不得不一再延迟，这在一定程度上影响了其中若干文章的时效性。第一辑中所刊载的十余篇文章，难以避免地会存在着各种各样的疏漏和缺憾。我们真诚欢迎各类批评和建议。

《政党与现代国家发展》编辑部

2024年11月

目 录

特约稿件

党建研究

他山之石

学术编译

前沿书评

特约稿件

党内还是党外：党代会报告是写给谁看的

——《论联合政府》的内外之别

邱　巍

中共浙江省委党校全面从严治党研究中心教授

中共浙江省委党校党史党建教研部主任

摘　要：党代会报告事实上有对外树立政治旗帜和对内统一思想行动两种功能。《论联合政府》是毛泽东在党的七大上提交的书面政治报告，“成立民主的联合政府”是其政治旗帜。不过，从文本结构上看，报告的主要内容和逻辑结构不是围绕此问题设计和展开的。毛泽东在七大的其他讲话中，也没有重点讨论民主联合政府问题，而是明确了建设一个新民主主义中国的目标。刘少奇等其他中央领导人对《论联合政府》的定位和认识则是“新民主主义共和国的大宪章”。《论联合政府》文本的一定程度的表里之分，和报告要兼顾党内和党外的内外之别有关。联合政府的口号把握了政治主动，新民主主义国家的目标明确了行动方向，实现了对党内和党外的团结，使党的七大真正成为一次团结的大会。

关键词：《论联合政府》党代会报告　内外之别

基金项目：本文系国家社科基金项目“毛泽东抗战时期代表著作形成与传播研究”（16BDJ005）部分成果

一般而言，党代会报告的言说对象首先是党内，目的是统一思想、意志和行动。但公开发表的党代会报告，又要考虑党外、国内乃至国外的影响，所以党代会报告又是对外的政治宣言、政治旗帜。党代会报告的这种双重特点，在《论联合政府》这样民主革命时期的党代会报告中，由于特定的历史条件会体现得非常明显。《论联合政府》是毛泽东向党的七大提交的书面政治报告，也是其一生所作的唯一一次党代会的政治报告。但相比《论持久战》《新民主主义论》《论十大关系》等经典著作，对《论联合政府》的研究明显薄弱。至今没有一篇对《论联合政府》的研究综述文章，这也从侧面说明了《论联合政府》研究的状况。本文拟对《论联合政府》作为党代会报告所具有的“内外之别”特点进行梳理。

一、《论联合政府》的文本结构

毛泽东在《论联合政府》开头概括了抗战即将胜利的形势，提出：“在这种情况下，我们应该怎样做呢？毫无疑义，中国急需把各党各派及无党无派的代表人物团结在一起，成立民主的临时的联合政府，以便实行民主的改革，克服目前的危机，动员和统一全中国的抗日力量，有力地和同盟国配合作战，打败日本侵略者，使中国人民从日本侵略者手中解放出来。然后，需要在广泛的民主基础之上，召开国民代表大会，成立包括更广大范围的各党各派和无党无派代表人物在内的同样是联合性质的民主的正式的政府，领导解放后的全国人民，将中国建设成为一个独立、自由、民主、统一和富强的新国家。一句话，走团结和民主的路线，打败侵略者，建设新中国。”“我们认为只有这样做，才是反映了中国人民的基本要求。因此，我的报告，主要地就是讨论这些要求。中国应否成立民主的联合政府，已成了中国人民及同盟国民主舆论界十分关心的问题。因此，我的报告将着重地说明这个问题。”①

不过，《论联合政府》报告并未汲汲于联合政府的具体细节，更重要

① 毛泽东：《论联合政府》，《毛泽东选集》第3卷，北京：人民出版社，1991年，第1029—1030页。《论联合政府》最早的版本为《解放日报》版，新中国成立后，编入《毛泽东选集》时，根据新的情况做了一些修改。此两段引文无实质性修改。

的主旨是要为中国争取一个光明的前途。从文本上看，并没有如后来研究者所描述的，“科学完整地论述了民主联合政府的含义，并提出了建立民主联合政府的实施步骤”①。

《论联合政府》报告分为五大部分，五大部分的标题都没有联合政府的字样，三、四两个大部分下有二级标题，共27个二级标题中，“联合政府”仅出现一次②。三、四两部分是报告的主体，占总篇幅超过85%。但这两部分“三 抗日战争中的两条路线”和“四 中国共产党的政策”，其重点都不是阐释联合政府的问题。《解放日报》版《论联合政府》各级小标题列表如下：

一级标题	二级标题
一　中国人民的基本要求	
二　国际形势与国内形势	
三　抗日战争中的两条路线	中国问题的关键
	走着曲折道路的历史
	人民战争
	两个战场
	中国解放区
	国民党统治区
	比较
	“破坏抗战，危害国家”的是谁？
	所谓“不服从政令、军令”
	内战危险
	谈判
	两个前途

① 边宏伟：《试论联合政府政治主张的特色及其宪政意义》，载张静如主编：《辉煌九十年——2011年全国党史党建学位点会议论文集》，北京：北京师范大学出版社，2011年，第82—83页。

② 这是《解放日报》版《论联合政府》的结构，毛选版《论联合政府》对第四部分的二级标题进行调整，把“我们的具体纲领”后面的10个二级标题变成其下的三级标题，故毛选版《论联合政府》中“联合政府”已是三级标题，出现一次。

续表

四 中国共产党的政策	我们的一般纲领
	我们的具体纲领
	消灭日本侵略者，不许中途妥协
	废止一党专政，建立联合政府
	人民的自由
	人民的统一
	人民的军队
	土地
	工业
	文化、教育、知识分子
	少数民族
	外交
	中国国民党统治区的任务
	中国沦陷区的任务
	中国解放区的任务
五 全党团结起来，为实现党的任务而斗争	

可以这样认为，通观整个报告，联合政府是重要的旗帜和口号，但从文本结构上看，报告的主要内容和逻辑结构不是围绕联合政府问题设计和展开的。

中共七大闭幕后，《解放日报》6月14日发表社论《团结的大会 胜利的大会》，指出："在这个历史关头召开的中国共产党的第七次全国代表大会，其第一个历史的标志，就是全体一致通过了毛泽东同志的政治报告。毛泽东同志的政治报告，指出一切中国问题的关键所在，就是两条路线的存在，这两条路线就是：'国民党政府压迫中国人民实行消极抗战的路线与中国人民觉醒与团结起来实行人民战争的路线'。"[①]党报社论所概括的毛泽东的政治报告的主旨同样不是联合政府问题。

① 《团结的大会 胜利的大会》，《解放日报》1945年6月14日社论。

二、毛泽东七大上的其他讲话报告

毛泽东在七大上的其他讲话和报告对理解《论联合政府》的主旨也是重要参考。毛泽东在七大开幕词中明确指出："我们这个大会有什么重要意义呢？我们应该讲，我们这次大会是关系全中国四亿五千万人民命运的大会。中国之命运有两种：一种是有人已经写了书的；我们这个大会是代表另一种中国之命运，我们也要写一本书出来。""在中国人民面前摆着两条路，光明的路和黑暗的路。有两种中国之命运，光明的中国之命运和黑暗的中国之命运。""我们的任务是什么呢？我们的任务不是别的，就是放手发动群众，壮大人民力量，团结全国一切可能团结的力量，在我们党领导之下，为着打败日本侵略者，建设一个光明的新中国，建设一个独立的、自由的、民主的、统一的、富强的新中国而奋斗。""我们的任务就是这一个！这就是我们大会的任务，这就是我们全党的任务，这就是全中国人民的任务。"[①]在毛泽东开幕词中，没有提及建立联合政府的问题。

七大上毛泽东直接和政治报告有关的报告讲话有三次。一是书面报告《论联合政府》，二是口头政治报告，三是大会结束前对政治报告讨论的总结。后两个讲话可以看作对《论联合政府》报告的深化补充以及进一步的概括强调。书面报告是拟公开发表的，后两个是在大会上对代表讲的。

口头报告中，毛泽东讲了三个问题：路线问题，几个政策问题，关于党内的几个问题。路线问题中，毛泽东提出党的政治路线是："放手发动群众，壮大人民力量，在我党的领导下，打败日本侵略者，解放全国人民，建立一个新民主主义的中国。"建立国家的目标从书面报告中的"一个独立、自由、民主、统一与富强的新国家"变为明确的"一个新民主主义的中国"。在深入论述这一路线时，毛泽东突出强调了无产阶级的领导，明确指出"力争领导权，力争独立自主的路线，是我们党中央的路线，是反映了全

① 毛泽东：《两个中国之命运》，《毛泽东选集》第3卷，第1025、1026页。

党大多数同志要求的路线，是反映了全国大多数人民要求的路线”。[①]在几个政策问题部分讲了一般纲领和具体纲领等11个问题，党内的几个问题部分讲了个性与党性、党内几类干部、要讲真话等3个问题，均未涉及联合政府。口头政治报告在书面报告的基础上，突出了领导权问题，布置了具体的政策与工作。

在关于政治报告讨论的结论中，毛泽东也讲了三个问题：国际形势，国内形势，若干思想政策问题。重申口头报告的政治路线表述，并指出：“‘放手发动群众，壮大人民力量’，就是说的组织队伍；‘在我党的领导下’，就是说的总司令、指挥官；‘打败日本侵略者’，就是说的敌人；‘建设一个新民主主义的中国’，就是说的目标。”[②]相较口头政治报告，结论中对路线任务的阐释更加清晰。“党内若干思想政策问题”部分的第8点“我们党能不能领导大地主大资产阶级？”、第9点“国共两党谈判还有没有希望？”涉及了联合政府问题，对这两个问题毛泽东给出的答案分别是“看情况来决定”和“尽量争取”“在一定的条件下不拒绝跟他谈判”。他提出：“‘共同领导’这个提法怎么样？我说不在于如何说，而在于如何做。”“如果说共同领导，那就是你领导你那一堆子，领导中央军；我们领导八路军、新四军，领导广大人民，放手发动群众，壮大人民力量。”[③]

很明显，在这些讲话报告中，毛泽东更加突出了党的领导和新中国的新民主主义性质，而对联合政府和共同领导则并不乐观，也未进行重点讨论。

① 毛泽东：《在中国共产党第七次全国代表大会上的口头政治报告》，《毛泽东文集》第3卷，北京：人民出版社，1996年，第303、315页。

② 毛泽东：《在中国共产党第七次全国代表大会上的结论》，《毛泽东文集》第3卷，第376页。这一文件，《毛泽东年谱》指出是“在中国共产党第七次全国代表大会作关于政治报告讨论的结论”（中共中央文献研究室编：《毛泽东年谱（1893—1949）》［中］，北京：中央文献出版社，2013年，第601—602页），从内容上看，应是如此。

③ 毛泽东：《在中国共产党第七次全国代表大会上的结论》，《毛泽东文集》第3卷，第413页。

三、其他中央领导人对报告的定位

七大上，其他领导人对《论联合政府》报告的发言评述，也是把握《论联合政府》主旨的一面镜子。同在七大开幕典礼上，朱德和刘少奇的讲话，分别点出毛泽东政治报告的主旨和七大的主要任务。朱德说："我们七次大会有毛主席很正确的政治报告，把中国一百年以来的斗争历史，没有完全得到胜利的东西，都把它总结起来，写成了一个政治报告。这个政治报告是新民主主义的内容，也是中国四万万五千万人民要走的道路。"[①] 刘少奇说："我们的任务，就是团结全中国人民，全世界人民来阻止这个不好的前途，实现光明的前途，就是毛泽东同志指出的，战胜日本帝国主义以后，应该建立一个自由的、民主的、统一的、强盛的新中国，就是新民主主义的新中国。"[②]

朱德的军事报告《论解放区战场》中再次概括了《论联合政府》的内容意义："我完全同意我党领袖毛泽东同志《论联合政府》的政治报告。毛泽东同志这个伟大的历史文件，具体地总结了中国人民为中国的独立、自由、民主、统一与富强而流血的斗争经验，规定了和提出了打败日寇和建设新中国的具体步骤与具体纲领，真正给我党和全国人民指示了决定中国抗战胜利和决定战后中国命运的道路。"[③]

刘少奇的《关于修改党章的报告》开篇即指出："毛泽东同志在党的第七次全国代表大会的报告中，对于目前国际、国内形势，作了一个深刻的英明的分析，对于八年来中国民族的抗日战争以及我们党在抗战中所坚持奋斗的路线，作了一个全面的总结，对于如何动员与统一中国人民的一切

---

① 朱德：《在七大开幕典礼上的讲话》，载中共中央党史研究室、中央档案馆编：《中国共产党第七次全国代表大会档案文献选编》，北京：中共党史出版社，2015年，第164—165页。

② 刘少奇：《在七大开幕典礼上的讲话》，载中共中央党史研究室、中央档案馆编：《中国共产党第七次全国代表大会档案文献选编》，第165页。

③ 朱德：《论解放区战场》，载中共中央党史研究室、中央档案馆编：《中国共产党第七次全国代表大会档案文献选编》，第237页。

力量，最后战胜日本侵略者，以及在战胜日本侵略者以后，如何建设一个独立、自由、民主、统一和富强的新中国，制订了全国人民和一切民主党派共同奋斗的伟大纲领。”“毛泽东同志的报告，是中国人民战斗的胜利的号召，是建设新民主主义共和国的大宪章。”①

张闻天专门针对毛泽东的政治报告有如下发言：“本人完全同意毛泽东同志的政治报告。这个报告是我党二十五年来三次大革命的实践总结，是马克思主义的理论与中国革命实践相结合的毛泽东同志思想的又一辉煌的发展。报告中所指出的全部方针，已经被二十五年来中国革命的实践，尤其是抗战八年来的实践所证明了与证明着的唯一正确方针，这方针不但已为中国解放区的一万万人民所拥护与实践，而且也为国民党区与沦陷区广大人民所赞成。因此，这总结，一方面成了我党在革命现阶段的战略与策略的行动指南，而且也成了动员与团结全国最大多数人民共同奋斗的战斗纲领。这是我党与全国人民彻底战胜日本侵略者，建设新民主主义中国的大宪章。”②刘少奇和张闻天都把《论联合政府》报告定位为新民主主义中国的大宪章。

李富春的发言“对毛主席政治报告的认识问题”，则做了自己的解读。他说：“我想毛主席的政治报告的精神，是争取胜利，争取什么胜利？要争取全国的胜利。也就是要争取由乡村战胜城市的胜利。所以毛主席的报告告诉我们是抢天下。毛主席的报告的确解决了三个问题：一个是能否抢天下；第二个不管怎么迂回曲折，怎样艰难困苦，我们硬要抢天下；第三个如何抢天下。这是我的看法，不知对不对？”③李富春“不知对不对”的“抢天下”的判断，其实一语道破了当时许多已经长时期在中央工作的党的高层领导人所深刻领会的毛泽东政治报告的主题。

① 刘少奇：《关于修改党章的报告》，载中共中央党史研究室、中央档案馆编：《中国共产党第七次全国代表大会档案文献选编》，第259页。

② 《张闻天在中共七大上的大会发言——听政治报告后的自我反省》，载中共中央党史研究室、中央档案馆编：《中国共产党第七次全国代表大会档案文献选编》，第349—350页。

③ 《李富春在七大上的大会发言——对政治报告的认识以及自我反省》，载中共中央党史研究室、中央档案馆编：《中国共产党第七次全国代表大会档案文献选编》，第432页。

前述领导人的发言有同有异，其中一个共同点是都不认为联合政府问题是毛泽东政治报告的主旨和重点。“联合政府”是旗帜，但有鉴于当时形势发展和国民党蒋介石统治的反动本质，坚定地争取胜利（抢天下）是更现实的政治准备，没有争取胜利的决心和意志，联合政府反而更无从实现。

四、会议代表对联合政府问题的讨论

七大正式开始前，《论联合政府》就已印发给会议代表阅读讨论，“毛主席为大会作的政治报告《论联合政府》，实际上在会前早就发给代表进行讨论了。经过反复讨论，广泛征求意见。哪怕是很小的一点意见，毛主席也加以考虑和吸收，体现了真正的民主”。[①]大会上的讨论更加深入，“大会对3个主要报告都进行了认真深入的讨论。尤其对毛主席的政治报告，先后讨论修改达9次之多。多次讨论，都有补充修改的地方，大会总是集思广益，积极采纳大家的意见，有时尽管只是一句话、几个字的修改意见，大会也都印发给大家再深入讨论”。[②]

代表们提出的意见整体上是细节的和文字的，但有一个问题在大会上引起了比较普遍的讨论，而且意见是不统一的。这个问题就是联合政府的形式和性质问题。陈伯钧在七大上是晋察冀代表团的代表，他指出“同大会正式召开前的讨论比较，大家对毛主席的政治报告的讨论明显深入，出现了一些不同看法，特别是在如果大地主大资产阶级改变策略的情况下，联合政府的前途、实现形式的问题上争论更大一些”。他在5月7日的日记中这样记述，“今天我们主要是开全代表团的大会，发言中开始很宽，以后逐渐发现对联合政府的认识上有偏差和出入，遂于是日下午专门讨论联合政

① 伍洪祥：《整风学习与七大》，载中共中央党史研究室第一研究部编：《七大代表忆七大》，上海：上海人民出版社，2006年，第1257页。

② 戴镜元：《一本珍贵难忘的纪念册》，载中共中央党史研究室第一研究部编：《七大代表忆七大》，第35页。

府的形式、性质、时机以及如何实现等等，中间某些同志有些观点是错误的”。[①]晋冀鲁豫代表团的孙光才也指出，会上对于联合政府的性质问题有争论：“我认为，联合政府有个性质问题，是新民主主义的还是旧民主主义的，毛泽东讲的联合政府是新民主主义的，孙中山是旧民主主义的。会上讨论时大家对这个问题有争论。”[②]陈毅在华中组的发言谈到联合政府的形式问题：“联合政府可能有几种形式：南北分治，内战局面以及经过各种严重曲折出现的联合政府（以我为主），以国民党为主的改组政府，或以国共、民主同盟合作的联合政府，或以我为主的联合政府。”[③]因为认识的不统一，华中代表团的喻屏专门写了意见书，建议毛主席做结论时，对这一问题进一步说明。他提出，联合政府是我党政策的“大跃进”，但党内仍受到“陈腐的不适用的旧观念”的束缚，“希望毛主席在做结论时，讲一讲这个问题”。对于“联合政府建立可能经过的过渡形式”，喻屏提出了在力量薄弱地区“与中间势力大胆合作，建立地方性的联合政府”，大后方时机成熟时也“可以建立地方性的联合政府”。[④]

在对政治报告讨论做总结时，毛泽东并没有从理论上深入论证联合政府的性质和形式等问题，而是认为关键是要在实践中坚持自己的领导权。因为总体上，毛泽东对于和国民党建立联合政府并不抱太大希望。“成立联合政府有没有希望？我们要尽量争取”，“我们从来是主张要谈的，七大的文件也规定了要谈，至于谈拢的希望是一丝一毫也没有。但现在我们还不向全国人民宣布，因为一宣布，下文必然就是要打倒蒋介石”。[⑤]所以，联

① 陈伯钧：《七大日志》，载中共中央党史研究室第一研究部编：《七大代表忆七大》，第469、471页。

② 孙光才：《我对七大的片断回忆》，载中共中央党史研究室第一研究部编：《七大代表忆七大》，第652页。

③ 《陈毅在华中代表团的发言》，载中共中央党史研究室、中央档案馆编：《中国共产党第七次全国代表大会档案文献选编》，第557页。

④ 《华中代表团喻屏的书面意见提纲》，载中共中央党史研究室、中央档案馆编：《中国共产党第七次全国代表大会档案文献选编》，第567页。

⑤ 毛泽东：《在中国共产党第七次全国代表大会上的结论》，《毛泽东文集》第3卷，第413—414页。

合政府是七大的重要口号，是毛泽东政治报告的题目，但会议的重点是要解决共产党自身的政治路线，解决抗日战争即将胜利的前景下，中国共产党争取光明前途的具体的国内国际政策和自身建设问题。在一定程度上，《论联合政府》报告是存在表里之分的。

五、表里之分背后的内外之别

作为七大的政治报告，为何《论联合政府》在题目口号和内容实质上存在一定程度的错位呢？莫文骅在回忆录中曾说，在七大上“毛泽东同志代表中央委员会作了题为《论联合政府》的政治报告。这个报告是毛主席亲自起草的。共有三个版本，一个是毛主席在大会上讲的，一个是代表手中发的，再一个是公开发表的。其语调一个比一个要缓和”。[①]莫文骅的表述不一定非常严密，但他其实涉及了这样一个问题：七大政治报告在七大上不同版本存在差异的重要原因是受众范围不同，内外有别。内外之别是理解七大政治报告的重要思路。

公开发表的书面报告《论联合政府》和毛泽东在会上的口头报告以及报告讨论结论相比，对国民党的态度肯定是更为缓和。报告讨论结论中的第二部分国内形势的第一条，毛泽东就指出，“《论联合政府》报告的原稿上有‘两三年中将是中国情况大变化的关键’这样一句话，在发表时删去了。删去这句话，不是因为说得不对，而是不说为好。但是我们要有这种

① 莫文骅：《莫文骅回忆录》，北京：解放军出版社，1996年，第422页。回忆录中所说的三个版本，第一个是指毛泽东在大会上的口头报告，第二个是指大会上发的书面报告《论联合政府》，第三个则包含两种可能，一种是大会后在5月2日《解放日报》上公开发表的《论联合政府》，另一种是指新中国成立后编毛选时修订过的《论联合政府》。莫文骅原文接下来引了下面这段话：“我们共产党人根据自己对于马克思主义的社会发展规律的认识，明确地知道，在中国的条件下，在新民主主义的国家制度下，除了国家自己的经济、劳动人民的个体经济和合作社经济之外，一定要让私人资本主义经济在不能操纵国民生计的范围内获得发展的便利，才能有益于社会的向前发展。”这段话恰是毛选版《论联合政府》修订后的表述。所以可以推论，莫的本意更大可能是指毛选版《论联合政府》。

精神准备，准备应付大事变”。[①]这种删除，就是因为对内对外的区别。很多内容，对内要明确任务，做好准备，对外却要留有余地“不说为好”。“七大时，毛泽东在党内讲话中讲争取中国革命胜利及其有关的问题，但在准备公开发表的《论联合政府》报告中是很注意策略的。”[②]要兼顾对内和对外，这也是《论联合政府》报告题目和内容出现一定程度错位的原因。

1944年5月10日，中央书记处会议曾决定，七大只有部分议程公开举行。由于国内局势变化，联合政府问题已经成为国共谈判和七大政治报告的新主题。至六届七中全会始决定，七大的各报告由只对内不对外转为对外对内兼顾。[③]七中全会向七大预备会提出的会场规则第四条规定：“大会中的一切报告、发言、讨论及各种情况，未经主席团宣布可公开者，无论代表及旁听者应绝对保守秘密，不得向会外人传布。”[④]4月28日大会开始不久，刘伯承、李富春、陈毅、聂荣臻联名向毛泽东及大会主席团提出意见，“认为大会通过了对外的《论联合政府》，对内通过了若干历史问题和党章，我们认为这够了，其余发言人可以在大会发言，但其写定之各文件，则不需要发表”。[⑤]事实上，当时《解放日报》对七大的报道有明显的滞后和取舍。4月23日大会开幕，至5月1日《解放日报》才报道大会开幕的消息，次日发表《论联合政府》全文。《解放日报》上全文发表的会议报告和讲话，只有毛泽东的《论联合政府》、朱德的《论解放区战场》及日本代表冈野进的发言《建设民主的日本》。公开发表的政治报告对外要亮出联合政府的旗帜，增强号召力，要留有余地，对内又要统一全党思想认

① 毛泽东：《在中国共产党第七次全国代表大会上的结论》，《毛泽东文集》第3卷，第385页。

② 冯蕙：《团结和胜利——七大的工作方针》，载冯蕙：《毛泽东著作编研文存》，北京：生活·读书·新知三联书店，2020年，第149页。

③ 陈毅：《建军报告》注释，载中共中央党史研究室、中央档案馆编：《中国共产党第七次全国代表大会档案文献选编》，第77页。

④ 《七大预备会议通过的六项决议案》，载中共中央党史研究室、中央档案馆编：《中国共产党第七次全国代表大会档案文献选编》，第142页。

⑤ 《对七次大会发表文件及会议进程的意见》，载中共中央党史研究室、中央档案馆编：《中国共产党第七次全国代表大会档案文献选编》，第551页。

识，明确路线和政策。

事实上，这种内外之别，多少也会带来党内认识上的混乱。也有不少代表还是从报告的题目和开头的文字理解报告的。晋冀鲁豫代表团的马佩勋在6月11日的日记中有如下记录："此次七大胜利闭幕了。它是历史上空前伟大的、胜利会议。解决了历史上若干问题，获得丰富的经验教训。取得党内空前团结。决定了联合政府为标准的政治路线。选举出保证七大路线、顺利执行的全国领导机关。总之，达到全党希望的目的。"[①]华中代表团的喻屏也认为，"《论联合政府》是新民主主义论进一步的发展。联合政府是当前我党中心策略口号，并且是我党目前阶段战斗任务的最高目标"。[②]这些代表当时都不是党的高级干部，对《论联合政府》的理解还停留在表面，对报告的实质和重点把握不足。事实上，一度在代表讨论中引起争论的联合政府的性质和形式等问题，在整个政治报告以及七大的任务当中，都未必是必须解决的迫切重要问题。

六、联合政府是争取主动的口号

梳理一下"联合政府"这一口号的提出和推进过程，同样有助于理解《论联合政府》报告的内外有别的特点。

1944年初，因国民党第三次反共高潮而中断的国共谈判得以恢复，双方谈判的内容主要还是军队编制和数量、陕甘宁边区政权等具体问题。下半年，伴随着豫湘桂战场的大溃败，大后方不满国民党一党专政，要求民主的呼声高涨，国内形势发生了很大变化。8月17日，毛泽东在给董必武电报的批示中第一次提出，与中间势力商谈各党派联合政府问题。9月1日毛泽东主持的六届七中全会主席团会议，讨论提议召开各党派代表会

① 马佩勋：《七大前后的片断日记》，载中共中央党史研究室第一研究部编：《七大代表忆七大》，第728页。

② 《华中代表团喻屏的书面意见提纲》，载中共中央党史研究室、中央档案馆编：《中国共产党第七次全国代表大会档案文献选编》，第567页。

议成立联合政府。9月4日，中央在给林伯渠、董必武等的电报中，明确提出“目前我党向国民党及国内外提出改组政府主张时机已经成熟”[①]。9月15日，林伯渠在国民参政会第三届第三次大会上明确提出希望结束国民党一党专政，成立各抗日党派联合政府。联合政府的主张随即公之于众。联合政府“不仅成为重庆国共谈判和在延安同赫尔利谈判的中心议题，也为起草七大政治报告提出了新的主题”。[②]毛泽东曾说：“联合政府是具体纲领，他是统一战线政权的具体形式。这个口号好久没有想出来，可见找一个口号，一个形式之不易。这个口号是由于国民党在军事上的大溃退、欧洲一些国家建立联合政府、国民党说我们讲民主不着边际这三点而来的。这口号一提出，重庆的同志如获至宝，人民如此广泛拥护，我是没有料到的。”[③]“‘联合政府’的主张树起了一面鲜明的旗帜，它抓住了当时国共关系乃至中国发展前途的核心问题，在社会上激起巨大反响。”[④]在抗战即将胜利的国内形势中，联合政府成为时代所需、潮流所向，是中国共产党争取主动的口号，必须树立的旗帜。

建立联合政府的前提是要结束国民党的一党训政体制，国民党的态度立场决定了这个口号推行的可能和程度。联合政府主张提出前后，罗斯福的私人代表赫尔利来华，开始介入国共谈判。但赫尔利对中国政治了解有限，又在国共两党间用两面手段，虽在1944年11月上旬飞抵延安，并带回与毛泽东共同签字的五点协定，但在蒋介石拒绝后，赫尔利又背弃在延安时的承诺，同意了蒋介石的意见。至1945年2月下旬，周恩来再次返回延安，同国民党关于联合政府的谈判宣告失败。“联合政府”口号的提出“从根本上改变了国共谈判的性质，也从根本上改变了中国政治的性质，从而

① 中共中央文献研究室编：《毛泽东年谱（1893—1949）》（中），第542页。

② 胡乔木：《胡乔木回忆毛泽东》（增订本），北京：人民出版社，2014年，第370页。

③ 毛泽东：《对〈论联合政府〉的说明》，《毛泽东文集》第3卷，第275—276页。

④ 金冲及：《联合与斗争：毛泽东、蒋介石与抗战中的国共关系》，北京：生活·读书·新知三联书店，2018年，第193页。

把国共围绕国家政权的斗争，在形式上和实质上都推上了更高的阶段”。[①] 但是，基于国民党特别是蒋介石的态度，联合政府主张实现的可能性在当时已经比较渺茫。那么是否要放弃这个口号呢？1945年2月，毛泽东进一步肯定了这个口号：“去年9月提出联合政府是否错了？不提，别人将提，我们反而被动。提了，蒋介石至多不理我们，我们反而主动。”[②]“联合政府”在当时仍然是一个争取政治主动的口号。这样，毛泽东在七大的政治报告，一方面以联合政府为口号和旗帜，另一方面专注于发展自己的路线和政策，就不仅是可以理解的，而且是当时应当采取的正确政治策略。

七大政治报告以联合政府为旗帜，提出各项政治、经济、军事措施，提出为建设一个独立的、自由的、民主的、统一的、富强的新中国而奋斗的目标，在抗战即将胜利的环境下，增强了中国共产党的政治号召力和政治影响力。联合政府的口号把握了政治主动，新民主主义国家的目标明确了行动方向，实现了对党内和党外的团结，使党的七大真正成为一次团结的大会。

很明显，在新中国成立、中国共产党成为执政党之后，在改革开放时期党代会制度日益规范化之后，党代会报告的内外之别不会如《论联合政府》这样突出，内外融合是一个趋向。但党内和党外、国内和国外、内地和港澳台同胞，这种言说对象的区别，在报告之中仍然在不同部分或明或潜地存在着，这是我们今天阅读和认识党代会报告仍需注意的问题。

① 邓野：《联合政府与一党训政：1944—1946年间国共政争》，北京：社会科学文献出版社，2011年，第36页。

② 胡乔木：《胡乔木回忆毛泽东》（增订本），第370页。

美国政党政治演进的文化基因探源*

梁鹤年

加拿大女王大学城市与区域规划学院原院长、教授

中国“国家友谊奖”获得者

摘　要： 美国是一个充满矛盾的国家，其政治文化和政党制度均体现了多组二元对立的复杂交织。当前，美国国内的政治极化日趋严重，党争空前激烈，两党逐渐走向了无妥协的对抗。这种局面的出现有其深刻的历史文化根源，可以从政党文化基因的角度加以剖析。从美利坚文明的源头、变迁及特征看，其文化基因一方面是“个人”的自立、自足，另一方面是“泛人”的团结（相应的负面就是逞强、自私、苟合），这套基因组合深

* 加拿大女王大学教授、知名华裔学者梁鹤年先生（Hok-Lin Leung）基于对西方文明的长期考察和研究，创立了具有研究范式价值的“文化基因法”，并以此方法对西方历史文化进行了系统而独到的阐释，撰写出皇皇近150万言的《西方文明的文化基因》《西方文明的未来》两种大部头著作（简体中文版均由生活·读书·新知三联书店出版）。在梁先生看来，如同基因是生物体最基本的组成因子，文化基因对文明演进和国家政治的宏观图景具有支配性的影响；文化基因探析也因而可以成为社会科学领域的一种研究方法。梁鹤年还提炼出了西方文明的两组文化基因：第一组是追求“真”与“唯一”，即求真是西方文明的核心诉求，且西方人相信“真”具有唯一性。这组文化基因的表述可以简化为“唯一真”，它是基督宗教的“唯一真神”理念与古希腊哲学的“唯一真理”传统共同孕育的结果。第二组是“人”与“个人”的两分和并重，即西方文明既强调具有理性、抽象意义的“人”（humanism）的概念，又具有非常鲜明的个人主义（individualism）倾向与主张。（参见梁鹤年著《西方文明的文化基因》一书。）梁先生已经年近八十，但仍然研思不止、笔耕不辍。应《政党与现代国家发展》编辑部之邀，他以“文化基因法”考察美国政党政治，对近年来美国政治极化不断加剧、无妥协的党争愈演愈烈现象的根源进行了探析。梁先生的考察，也颇合近年来国内一些学者呼吁的“历史政治学”研究路径，涉及当前政党政治研究中的不少重要话题。本辑刊出梁先生为本刊所撰专稿的第一部分。

刻影响了美国的政党政治。美国近代的政治轨迹可按它们所包含的文化基因组合分成主、辅两条线。主线是自立（负面是逞强）和团结（负面是苟合），辅线是自足（负面是自私）和团结（负面是苟合）。从历史与现实相贯通的角度看，美国的权力分立和利益小圈文化使资本主义在美国得到高度发展，催生出整个政治机制与整套资本利益相互苟合的政治局面，使其国家利益被资本利益支配、绑架。苟合还造成了沉重的社会和经济代价：在政治层面上因对苟合产生自疚而引发的姑息过度诱发了无休止的身份政治，在经济层面上因对苟合产生自疚而引发的姑息过度带来了无了结的福利开支。近年来，美国社会凝聚力正在因身份政治崛起而被颠覆，经济生命力正在因福利开支激增而被消耗。此种态势在美国的继续发展，会使深嵌于其文化基因之内的党争更加难以休止，美国文明甚至可能面临精（精神）血（物资）干枯的危险。

关键词：美国政治　两党制　民主党　共和党　文化基因

一、问题的提出：从“文化基因法”出发

美国是一个没有贵族的贵族国家、一个不平等的民主国家、一个不自由的自由国家。没有世袭的名位，但有世袭的权利——经济精英的权利；人人有权选举，但只有少数人决定谁会当选——政治精英的权利；人人有自由，但只有少数人决定是什么的自由——文化精英的权利。精英们不一定是同一个群体，但有同一套文化——美国文化。虽然表达方法和方式往往大相径庭，但精英们都在传承、保卫这套文化，并加以发扬光大。

2014年笔者出版了《西方文明的文化基因》，从西方两千多年的历史中鉴辨出两套文化基因：个人与泛人、求真与唯一真。[①]2021年再出版《西方文明的未来》（上卷），提出了一个“文化基因法”，以文化基因的不同

① 梁鹤年：《西方文明的文化基因》，北京：生活·读书·新知三联书店，2014年。

形态和组合去追踪文明现象的过去，解释现在和推断未来。①

最简单来说，“个人”基因有三种形态：正面是自立、自足、自尊，相应的负面是逞强、自私、倨傲；“泛人”基因也有三种形态：正面是平等、悯人、团结，相应的负面是失序、姑息、苟合。还有，求真与唯一真两个基因使西方人对其认为是真的东西会绝对信服、捍卫、宣扬，但也容易走上极端、霸道、扩张的道路。因此，“个人”（无论是正面或负面的形态）和“泛人”（无论是正面或负面的形态）都会有“过度”的倾向。

美利坚文明底下的文化基因是“个人”的自立、自足和“泛人”的团结（相应的负面就是逞强、自私、苟合）。这套基因组合与美国民族性格极有关系，将来有机会会谈。

立国前的自立、自足、团结，经工业革命推动的逐利意识的冲击，到南北战争后社会一片逞强、自私。一战洗礼后的美国是个亢奋而冷漠的社会，史称“咆哮的20年代”。大萧条带来大醒觉，励精图治，使得美国在二战后成为全球霸权。1960年代对社会桎梏的反叛和1970年代对经济现实的低头定下美国20世纪后半期的文明轨迹：一边是谋权、逐利，一边是自疚、姑息。到21世纪，政治越来越颠倒、国力越来越疲惫，美国走上失序的道路。这些都反映在政治的舞台上。

美国是个自由为主、民主为用的国家。精英决定一切，人民大部分盲从。精英定期委派一批批的代理人（文武百官），以及钦定一个执行总裁（总统）去为他们服务。挑选的工具是个花费庞大的民主参选体制。因为这样精英们才可以控制参选者合他们所用，并保证当选者会听他们的话。作为一个群体，精英之间的共同利益肯定是一致的——这是精英“入会”的条件；二战之后，这个共同利益肯定是资本下的精英利益。为此，精英间虽然有争吵，但派系之争有一定的底线，就是不能动摇资本制度的安稳；精英中虽然有新陈代谢，但代与谢有一定的规律，就是一定要提升资本累积的质和量。总统是精英钦点，但他在位时间长短和权力多寡不能超出精

① 梁鹤年：《西方文明的未来》（上卷），北京：生活·读书·新知三联书店，2021年。

英所容许和赋诸的范围。精英的意识形态和实质利益会因时而异，为精英服务的总统一定要随之而动。所以，我们可以从一个总统的行为去瞄出美国精英的意图乃至美国人民的动向，因此笔者以总统“朝代”去组织美国近代政治史。

美国近代的政治轨迹可按它们所包含的文化基因组合分成主、辅两条线。主线是自立（负面是逞强）和团结（负面是苟合），后文先谈；辅线是自足（负面是自私）和团结（负面是苟合），随后谈。

二、20世纪以来美国政治文化的演进

一战前的美国称为“进步期”。老罗斯福任内，大打资本垄断，整顿政治风气，于1919年修宪推行全国禁酒。一战过后，全世界进入了一个兴奋而麻痹的时代。欧洲走上虚无，美国进入孤立，连自己总统倡导的“国联”也不参加，生命的意义就是赚钱与花钱。1929年10月29日“黑色星期二”，大萧条现身，震醒了这个冷漠的社会（过度的自立）。

罗斯福（民主党）时代的美国逐步走向安稳社会（自立与团结的组合）。罗斯福了解国人的恐惧，关心国人的恐惧，知道要发挥立国的自立、团结精神才能渡过难关。他雄才大略，不避艰难，定下进步的“新政”，支配了以后半个多世纪的政治方向（包括民主、共和两党）。二战结束时，国内安定，国外扬威。

杜鲁门（民主党）与艾森豪威尔（共和党）时代是桎梏社会（过度的团结）。两人虽属不同政党，但萧规曹随，杜鲁门继承了罗斯福的“新政”方向。此刻，美国取代英国成为全球霸权。国外推行马歇尔计划、科伦

坡计划，慷慨支援他国，是“良善美国人”时代。[①]但没过多久就是冷战揭幕，美国开始与苏联展开军事竞赛。恐共的政治气候、保守的道德风气，一片桎梏。对外，“良善的美国人”变成“丑陋的美国人”。

肯尼迪、约翰逊（同属民主党）时代，美国走向越权的政治风气（逞强与团结的组合）。此际，“战后婴儿”（1945—1964年出生）成长。[②]桎梏的社会使他们过剩的精力无法宣泄。肯尼迪当选像一股新鲜空气，年轻人也寄以浪漫的期待。他在1963年被刺杀，年轻人遂对政治失去信心，一片悲观。约翰逊缺乏凝聚力，他虽然力推“伟大社会”，但未能满足年轻的一代，只增加了他们的政治胃口，使之期待更多的改革。就在那时，美国在越南战事升级，缺了道德光环的越战使年轻人既反感又恐惧（当兵送死）。跟着是大征兵。年轻人的反叛、犬儒和恐惧汇聚成一股从反战到反一切现存制度的气流。有人说，越战使美国人“失去纯真”。

尼克松、福特、卡特时代是从越权走向冷漠（过度的自立），并开始走向分立（自立中带上苟合）。尼克松（共和党）时代，反战达到高潮（虽然越战是由他结束的），加上罪案激增，他恢复保守政治（反“新政”，并把联邦权力向州政府转移，而州政府一般比较道德桎梏，政治保守）。1970年代中期，一连串经济危机和政府赤字使已达壮年的战后一代回归现实，出现“自我一代”。有些走回冷漠，拼命赚钱、花钱；有些反叛到底，但又以“为民请命、讨回公道”自居。水门事件使尼克松丧尽政治本钱和道德光环，被迫辞职。福特一上台就以总统特权赦免了他。求安稳反

① 科伦坡计划（Colombo Plan）最初由英联邦国家发起，旨在通过资金和技术援助、教育及培训计划等形式的国际合作，来加强西方对南亚和东南亚等地区的影响力。1951年，美国受邀加入了科伦坡计划。在此之前，美国实际已经通过自己开展的“第四点”援助计划介入了东南亚等亚非拉地区国家的事务，科伦坡计划正好帮助它弥补军事力量上的不足。科伦坡计划意在扶持英联邦国家，但资金来源主要是美国。原先是从1950年开始的六年计划，但后来不断延长，至今仍在延续。

② “战后婴儿”（Baby Boomers，也叫“婴儿潮一代”）是美国有史以来人口最多的一代（7600万人）。一开始，企业对他们的消费模式就极度关注，竞争吸纳他们的购买力。成长后，他们代表最大的选票群体，始终最受政客们关注。

引大乱。身份政治现身，尤其是妇女解放和同性恋平权。[①]运气不佳的福特干一任就放手了（其实是尼克松留下的任期）。卡特为民主党取回总统宝座。但他生不逢时，国内经济“滞胀”，国外威信全失。他宗教虔诚，大讲人权，但又没有能力去贯彻。以人权为口号的身份政治成形，社会趋于既冷漠（国民懒理）而又分立（精英专权）。

里根、老布什时代的美国社会开始分立（自立、苟合的组合，下面会解释）。此时美国也在巩固全球霸权，引领全球资本全球化。共和党里根看准美国人的彷徨，以放任经济去巩固右派的支持，以放宽道德准绳（也就是离开他所属的共和党传统）去争取左派的加入，建立自罗斯福以来的最大政治联盟。但这是以“弹性”原则建成的，所以可称为“苟合”，开启往后近几十年的政治样板。确实，他成功肢解苏联（也有说是苏联瓦解）和刺激经济（消费型经济、全球化生产），但军费和减税带来的政府赤字和放任经济推动的资本全球化也为日后经济严重失调埋下了地雷。

克林顿时代，美国政治从分立走向昏乱（自立与苟合的组合，但越来越走向过度的苟合，下面会解释）。民主党的克林顿看见里根的苟合成功，借用过来，创“新民主”。他把里根的放任经济弄得更放任（远离他所属的民主党的传统原则）以吸引共和党的右派；把道德自由弄得更自由以留住民主党的左派，产生出比里根更苟合的苟合。身份政治达高峰，身份群体与政党的苟合也达高峰。在克林顿性丑闻中，开明与进步分子（特别是妇女解放分子）支持他把自己的行为分开为公一面（总统公职）和私一面（个人私德），去为自己开脱，把苟合者的阴一套、阳一套表露无遗。苟合被正常化，反映了美国政治和社会的“性格分裂”。

---

① 身份政治（identity politics）是以某种社会群体的利益和观点为基础的政治立场，然后通过组织去实现这些利益和观点。它的基础假设是政治立场是“身份”塑造的。这些身份可以是年龄、宗教、社会阶层或阶级、文化、政党、言语、方言、体能（残病）、教育、民族、种族、国籍、职业、退伍人员、性别、性身份、性取向、居所、城与乡等等。身份政治的一个基本假设是“有些群体是特别受压迫的”，凡属于这些群体的人会因为他们的群体“身份”而较易受压迫。为此，按不同“身份”去划分社会群体会有助于这些群体争取权利，终会使社会更公平。在理论上这些群体可以是左派或右派。在1970年代则是左派或激进分子，聚焦点是妇女解放和稍后的同性恋 。最近几年，右派的身份政治活跃起来，特别是“白人身份” 。

小布什时代的政坛是昏乱与逞强的拉锯。克林顿任内虽然经济大热，但一身丑闻，连民主党总统候选人都不想拉他来助选。共和党以经济自由、道德保守反扑成功。小布什险胜（总票数是负差0.51%，但因支持者的地理分布使他获得“选举院票”的大多数）。民主党不服气，甚至要重新点票。自此党争加剧，派系的注意力完全不在建设国家而在于打倒对方，苟合成为“新常态”：左、右派的实质分歧不大（自由经济是共识，自由道德则稍有不同），但意气之争反趋激烈（走向极端逞强）。

奥巴马时代是昏乱与追求安稳的拉锯。此际，“世纪一代”①（1980—1999年出生）抬头，美国经济实力和国际地位踏入逆转期。奥巴马在2008年金融海啸和打恐不利的时刻以高达7.27%的票差当选，带来一片新气象。他打出的旗帜是政治开明、道德开放，上任不到一年就拿到个诺贝尔和平奖，是进步分子，尤其是主流传媒的宠儿。推他上台的是“世纪一代”。他的竞选口号是：“可以信任的改变”。但是，“信任”很快就消失了，“改变”又方向不明。他为救市，甚至采用“社会主义”的经济手段。在他任内，党争加剧，政府运作因党争而几次停摆。和平奖没有带来和平。打恐、防恐的成本虽未增加但也没有大减，社会福利的开支反不断上升，特别是战后一代的养老和退伍军人的医疗。虽是黑人总统，但黑人的经济和社会处境并未因他而改善。他的人权呼声倒鼓励了国内的身份政治和国外的“阿拉伯之春”。他想做罗斯福（自立与团结组合的安稳社会），但倒像卡特。

特朗普时代是冷漠与苟合的拉锯。因放任经济而被遗弃，因道德自由而感到彷徨的中、下阶层投诉无门，特朗普答应为他们重造“美国梦”；因眼见全球伊斯兰对美国的鄙视与敌视而感到愤怒、因眼见中国的经济力量和军事力量不断发展而感到威胁的美国优越分子，特朗普答应为他们重振“美国威”。他对总统竞选对手希拉里·克林顿所形容的“可憎者”——种族歧视者、性别歧视者、同性恋歧视者、伊斯兰歧视者等——确实有很

① “世纪一代”（Millennials，也称“Y一代”，Generation Y）大多是战后一代的儿女，所以又叫“战后一代的回响”（Echo Boomers）。他们是数字科技的一代，成长期是自由经济、开放道德的时代。2008年的金融危机和随后的大衰退对他们影响很大，尤其是工作岗位的短缺。

强的号召力，特朗普就是利用民众不安去拿到政权。他把所有的不安分子集中起来，创造出反主流的主流。这不但是苟合，简直是乌合。他虽是共和党人，但几乎所有共和党精英都看不起他。但到他一跃而成为美国总统时，众人唯恐不及地加入团伙，这也是另一类的苟合——不是因争权而组成的苟合，而是为分权而缔结的苟合。美国的分立政治和苟合政治已开始到了无可救药的地步。

三、美国当前的党争加剧及其政治文化根源

拜登上台，但与特朗普之争并未结束。事实上，双方的支持人数旗鼓相当，而且都是坚持己见。双方都不听对方的声音——不是听不到，而是听不进去。每方都好像活在一个密封的气泡里，对气泡外的东西没有认识，也不想去认识，认为只有气泡内的东西才是正常的，而且是理所当然的，气泡之外的都是不正常的、不可思议的。这就是“两极分化”的真义：不是指有两个极端，而是指所有人都走上极端，不是这边就是那边，没有“中间”，为此永远处于对立状态。这就是美式文明的现象：两边没有缓冲，不能包容。长期生活在气泡内会使人不知道世界上不只有你，使人认为别人跟你不同是不可思议、不能接受的。若是你强人弱，你定要把人家变成自己，这是狂妄症；若是你弱人强，你定害怕人家要把你变成人家，这是神经质。

美国人把多党与民主相提并论。其实，党争这玩意原本是君子所不齿的。（西方现代政党制度源于英国，当初的党争也是被视为下三滥的政治把戏。）美国第一任总统华盛顿在1797年离任时说得清楚极了：“由党争而自然产生的报复心态使不同党派交替支配对方，在不同时代、不同国家，这都酿出弥天大祸，这本身就是个可怕的暴政……它不停地困扰公众的议事，削弱公众的管治。通过无凭据的妒忌和虚假的警报，它撩动党派之间

的仇根，随时引发暴动和叛乱。”[①]第二任的约翰·亚当斯总统也有说过，“把共和国分成两大党派……应被视为在我们宪法下的最大政治罪行”。[②]

在里根之前，美国政党系统有三个特征：[③]（1）从开国到1960年代末，每个政党掌权都有起码二十到三十年以上的稳定；（2）两党的政治原则都比较鲜明；（3）选民选政党多于政党追选民，竞选费用（政客筹款）未成为参政的“绝对门槛”。里根之后就不同了，共和党和民主党好像是轮流“坐庄”。最长的一党连任是里根和老布什，加起来也就只有12年（这只是总统的交替，如果再算入国会控制权的交替，政治就更不稳定）。政治原则（道德）和利益（当选）越来越分不开。共和党会拿民主党的“原则”或民主党拿共和党的“原则”去引诱对方的支持者来归附。竞选费几何级递升，政客们的精力不是用在搞好国家而是搞定捐款人上。

苟合是近代美国政党政治的特征。里根时代的美国人其实有两个选择：走向罗斯福的自立团结（其实这也是卡特的理想，可惜他眼高手

① George Washington, 17 September, 1796, Farewell Address, Library of Congress. https://www.loc.gov/resource/mgw2.024/?sp=240&st=text, accessed on 25 September, 2022.

② 亚当斯致朋友乔纳森·杰克逊（Jonathan Jackson，美国独立期间“大陆会议”中马萨诸塞州代表之一）的信（Letter from John Adams to Jonathan Jackson, 2 October，1780）。https://founders.archives.gov/documents/Adams/06-10-02-0113, accessed on 25 September, 2022.

③ 美国开国以来几度大的政党重组，反映了政治精英的分分合合。第一个政党系统（First Party System，1792—1824）是杰弗逊总统时代（Jeffersonian Era，1801—1817）的产物。立国之初是没有党派的，而且拥有政治实力的“联邦分子”（Federalists）力陈政党的危险。稍后，联邦分子的领导层内部发生分歧，一派主张中央集权，一派主张联邦与州分权。第二个政党系统（Second Party System，1828—1854）发生在杰克逊总统时代（Jacksonian Era，1825—1849）。那时，两个政党开始壁垒分明，分民主党（Democratic Party）和“国家共和党”（National Republican Party，与今天的共和党无关）。第三个政党系统（Third Party System，1854—1893）是内战时期（1849—1865）和重建时期（1865—1877）以及跟着的“镀金时期”（Gilded Age，1877—1897）的体系。林肯成功地把共和党建成为“进步”党派，支持者是被释放了的黑奴、工商业利益、技术劳工和专业人士，主要在北方。民主党的支持者主要是南方白人、保守的商业利益、传统的北方民主党人（他们反对北方启动内战）和天主教移民（因为他们在清教的北方立足难）。第四个政党系统（Fourth Party System，1896—1932）是共和党（它是内战的胜方）支配政坛的时代。初期空前繁荣，但又是极度弱肉强食的时代。“一战”后是表面纸醉金迷、底里冷漠孤寒的“咆哮的20年代”（1920—1929）。到1929年，一切都好像破灭，美国与全球进入前所未有的“大萧条”。第五个政党系统（Fifth Party System，1933—1960年代中期，但有人说到现在还是这一系统）主要是罗斯福及其影响所建成的。民主党成为一个“朝代”是因为他成功打造了一个面目一新的民主党大联盟。相对地，共和党内部分裂为保守派和自由派，而自由派的影响也在不断下降。支配党事的保守派则变得极端。

低），或者是走向功利的自立苟合。当年罗斯福选择全民团结（约束富人、接济穷人，仍不忘建设国家），如今里根则选择精英苟合（放任赚钱、放开道德）。美国人跟了里根，部分原因是上一任的卡特太差劲，部分原因是里根有魅力，但更有可能是没有一个像罗斯福的人物。“贪婪是好”是1987年（里根任内）卖座电影《华尔街》的名句，正好用来形容这个时代。

里根打开苟合风气，民主党也不甘人后，克林顿比里根更功利、更圆滑。罗斯福以来，民主党自命是个原则至上和为民请命的政党，经常贬低共和党为功利、有钱人的党。但克林顿最懂看风使舵，他凭组织“新民主派”（New Democrats）阵营登上总统宝座。“新民主派”也叫“中间民主派”（centrist Democrats）、“温和民主派”（moderate Democrats），其实是民主党内的“中间偏右”（center right）分子。这跟里根的“里根的民主党人士”（民主党内的偏右分子）非但异曲同工，更是青出于蓝。

克林顿在竞选中把经济政策从左（罗斯福“新政”的政府干预经济）推右（里根式的放任经济）去吸引逐利之士，把社会（道德）政策从左推得更左去满足进步人士。当选后他大搞自由经济（共和党方向，特别是大大放宽金融管制，比里根更放任）和自由道德（特别是同性恋，以满足共和党和民主党中的进步分子）。这种两面讨好很容易变成两面不讨好。共和党在1994年的国会中期选举中把所有力量集中在一个全国性反克林顿的旗帜下（而不是分散在各选区各自为政）。在有保守倾向的共和党和民主党选民联手支持下，共和党大获全胜，夺回被民主党支配了四十年的国会参、众两院的控制权。①同时，这也是五十年来共和党首次控制超过半数州议会。这场“革命”成功反映了美国人对克林顿的反感，更开启了道德自由与道德保守的不断斗争。在经济层面上，放任资本已经是共和党与民主党的共识，分歧不大。但在道德层面上保守分子与进步分子的分歧则在不断

① 这叫“共和党革命”（Republican Revolution）。从1933年罗斯福时代到1995年，共和党只有四年同时控制两院。

加大。

克林顿过后，小布什是传统的共和党：自由经济、保守道德。那时，自由经济已经是左、右精英们的共识了。虽然在自由经济环境中，特别是在全球资本下被边缘化的蓝领阶层心有不甘，但愤愤之情仍未被燃发（这也是日后特朗普的政治本钱）。从罗斯福以来，蓝领是民主党的主力支持者，因为民主党传统的“进步”政策都是维护劳工和救济贫困。但从1960年代末期的战后一代反叛开始，民主党在经济公平（“进步”的传统演绎）上追加了道德自由（“进步”的时尚演绎）。可是，自此之后，民主党对经济公平的关注好像越来越不足，对道德自由的尺度则越来越放宽。这是一般比较保守的蓝领阶层（收入和教育水平都比较低）难接受的（虽然精英们的道德自由风气也慢慢感染到下层社会）。民主党对经济公平与道德自由之间的平衡决定了这批人的去留，并大大影响美国整个政局。由于这批人的投票率一般不高，致使政治上的苟合操作更为复杂。吸引蓝领阶层的经济公平是花钱的，可是他们的投票率不高，对政客来说是本大利少的生意，况且，经济公平会使很多高收入、高税率的中上层人士不满。相反，道德自由是不花钱的，虽会使一些保守的蓝领不快，但会吸引中上层，而他们的投票率高，是本少利大的政治生意。总的来说，民主党走向自由经济（其实两党都是越来越开放经济，只是民主党会比共和党暧昧一点），但主力放在自由道德上。共和党则以自由经济为标榜，辅以道德保守（其实两党都越来越开放道德，只不过是共和党比民主党暧昧一点）。这只是形容两党之间的“平衡”状态，随时有个里根、克林顿、特朗普之辈出来，搅个大苟合。里根以自由经济为口号，克林顿以更自由经济为口号。今天，经济不再是政党之间的主要分歧。将来，道德自由将是左、右两派分歧所在。

这里要说一说左与右在美国的意义，分开四个层面：经济、社会、道德与政制。右派主要是共和党，但也有保守的民主党。左派主要是民主党，但也有进步的共和党。在经济层面，右派主自由经济，左派稍强调约束经济，但总的方向都是走资本经济，力度不同而已。在道德层面，右派强调传统约束，左派强调自由道德，但总的方向是个人主义。在社会层面，右派是少福利，左派是多点福利，方向左右摇摆，但总的是要保住资本，有钱的会越来越有钱，穷的会越来越穷，福利只是为维稳。在政制层面，右派主张小政府，左派喜欢大政府，但凡当上总统的，无论是共和党或民主党，都想揽权，若是宪法不容就往往以“行政令”绕过国会（立法）和法院（司法）。

总统大选最能反映全国的民心。里根以来，两党候选人的票差很少，一般是几个百分点。这反映了两极分化，而且是非常固定和肯定的分化。因此，决胜的选票也只是2%—3%地向左或右转移。争夺这2、3个百分点是整个选举过程的聚焦点。大胆的政客会进行战略性的突破。这可以是突破性的“组合”，例如奥巴马在2008年和2012年的选举成功是吸引刚拿到选举权的年轻人（1980年后出生，刚成年的世纪一代）；也可以是突破性的“苟合”，尤其是通过与身份群体的分与合。苟合是没原则的“团结”，有利则留，无利则去，是不能长久的。

由此看来，美国的政治未来会是常态地、动态地处于政治分立（自立与苟合的组合）和昏乱（极端苟合）之间，不断反复打滚，但跳不出这个恶性循环。而且循环的周期会越来越短，未来的政党交替极有可能是4年一转。美国开国先哲的忧虑不幸言中。

四、美国政党政治演进的文化基因解析

以上是美国近代政治轨迹的主线，辅线是自足（负面是自私）和团结（负面是苟合）的组合。主、辅两线互相推动，阐述如下。

大萧条时期罗斯福的“新政”非但强调自立与团结，还强调自足与团结，创造出二战后美国的安稳（与人共存）和富足（与人共富）。1960年代是战后一代反叛桎梏社会，但不是自私，所以没有走上贪婪。1970年代的经济危机驱使他们其中一部分（不想反叛到底的）转向自我：赚钱、花钱，背后是一片冷漠（过度自立）、孤寒（过度自足）。卡特时的“滞胀”

和能源危机加多了一层悲观。到里根的放任经济抹清了悲观，但未有改变孤寒，反使富有的变得越富有，而且好像“有之无愧”。克林顿的加倍放任更是加强了逐利的条件。他的经济政策加深华尔街与联邦政府的苟合，加速劳动人民的边缘化。“占领华尔街”其实是种哀鸣。奥巴马处理2008年金融海啸的手法是种“社会主义经济”和“企业福利”的苟合，聚焦于保住那些“大得不能让它失败”（too big to fail）的企业，名义是维持就业，实质是维持资本。特朗普的“美国第一”是美国头一回向全球资本“宣战”。鹿死谁手是肯定的。

看来，美国的经济未来会像它的政治未来，也是常态地、动态地处于利益小圈（自私与苟合）与昏乱（极端苟合）之间，不断反复打滚，但也是不能跳出这个恶性循环。

美国的权力分立和利益小圈文化使资本主义在美国得到高度发挥。争权苟合是要用钱的。资本拥有者（和管理者）最有钱去资助政客，来换取政治庇护。关键不在个别的钱权交易，而在整个政治机制与整套资本利益的苟合。国家利益与资本利益混成一体。到最后，国家利益就被资本利益支配、绑架。

苟合是有社会和经济代价的。苟合是违背原则的结合，它驱使有清教道德感的美国人觉得自疚；苟合带来的不义也触动美国人对受害者的同情。苟合越猖獗，便引发越大的自疚与同情，以致流于姑息。在政治层面上姑息过度就是无休止的身份政治，在经济层面上姑息过度就是无了结的福利开支。社会凝聚力会因身份政治膨胀而被颠覆；经济生命力会因福利开支激增而被消耗。最后，美国文明就会精（精神）血（物资）干枯。但是，深嵌于文化基因之内的党争仍会继续。这跟美国的民族性格有紧密关系。

美国文化有其独特基因。基因的不同形态和组合产生不同文明现象。打个譬喻，做菜需要主料、佐料、厨具、厨房、厨师，不同组合炮制出不同菜色。文化基因是文明现象的基本材料（主料）。主料支配菜色，但不决定菜色；佐料是民族性格；厨具是时代心态；厨房是历史背景；厨师是关键人事。当然，佐料、厨具、厨房、厨师都可以成为菜色的特征。例如意大利厨师会造出意大利菜，无论他用的是什么主料、佐料、厨具和厨房。同样地，如果只用蒸笼为厨具，无论有什么主料、佐料、厨房和厨师，做出来的一定是蒸菜。

常理告诉我们，民族性格、时代心态、历史背景和关键人事之间是互动的。关键人事之所以成为“关键”，是因为他们正在关键的历史时刻登台演出，也就是历史背景定义谁是关键人物，哪是关键事件；历史背景之所以成为“背景”是因为它们是关键人事创造历史的舞台，也就是关键人事决定哪些历史背景是有意义的背景。这是典型的时势与英雄之间的互动关系。同样地，历史背景当然反映时代心态，但也在改变时代心态；时代心态一定受民族性格规范，但也在影响民族性格。关键是哪些历史背景反映哪些时代心态，又在改变哪些时代心态；哪些时代心态受哪些民族性格规范，又在影响哪些民族性格。作为文明现象的解释，民族性格、时代心态、历史背景和关键人事是四类不同而又相连的因素，它们内部的运作和外部的互动应该是有迹可循的，但也会是错综交叉，而且动态万千的。笔者通过对美国政治文明的观察和分析发觉民族性格有莫大的影响。美国的民族性格是什么样子的、怎样成形的？下辑将有进一步探讨。

党建研究

作为一种制度的民主集中制：哲学意蕴、政治逻辑与理论价值

李黄骏

中共浙江省委党校全面从严治党研究中心副教授

摘　要：作为党和国家最核心制度的民主集中制，不仅决定着党内治理的合法性和有效性，也影响着国家治理体系的合理性和科学性。从重要程度和理论潜能看，民主集中制制度属性研究具备元理论价值。与之形成鲜明对比的是，民主集中制制度属性研究在国内外研究中的地位却远不能匹配其理论和实践的重要性。有鉴于此，探究民主集中制作为一种制度的哲学意蕴、政治逻辑与理论价值，对于解释党和国家治理体系的合法性、科学性具有重要意义。从现实政治层面看，在中国特色社会主义制度之下，民主集中制形塑着我国国家治理理念，规范着我国国家治理结构，其作为一种制度，彰显着中国特色社会主义根本政治制度独具特色的哲学意蕴和自成一体的政治逻辑。

关键词：民主集中制　制度主义　治理结构

党的二十大报告在论及“完善党的自我革命制度规范体系”时指出，“坚持制度治党、依规治党，以党章为根本，以民主集中制为核心，完善党内法规制度体系，增强党内法规权威性和执行力，形成坚持真理、修正错误，发现问题、纠正偏差的机制”。这段重要论述，突出强调了党章在党的

自我革命制度建设中的根本作用，以及民主集中制在其中的“核心”作用。作为中国共产党的组织制度和领导制度，民主集中制不仅构成了我们党自身合法性和有效性的重要来源，也随着党的全面领导作用的发挥，被贯彻到我国根本制度、基本制度和重要制度之中，进而构成中国特色国家治理体系合法性和科学性的重要基础。民主集中制不仅是一种组织原则，也是一种政治制度。作为一种政治制度的民主集中制，可以说是理解中国政治和中国共产党的治国理政逻辑的一把“总钥匙”，对于深入理解“中国共产党为什么能”“中国特色社会主义为什么好”“马克思主义为什么行”等重大问题能够带来重要理论启示。正如邓小平同志所言：“民主集中制问题是根本制度的问题，我们总有一天要找机会把这个问题表述清楚。”[①]研究民主集中制的制度属性，对于全面、准确理解中国特色国家治理体系的合法性和科学性具有特殊和重要的意义。

一、问题的提出：民主集中制研究的制度视角

关于制度，学术界并没有统一的定义，但根据一些比较经典的论述，我们不难勾勒出其理论轮廓。根据诺斯的定义，“制度是社会游戏的规则，是人们创造的、用以限制人们相互交流行为的框架”。[②]该定义强调了制度的约束作用。与此相似，柯武刚、史漫飞指出：“制度是众所周知的、由人创立的规则，其目的在于抑制人们可能有的机会主义行动。”[③]而根据帕森斯的定义，“‘制度’的正式定义是‘一个统一的方式，它反映一个社会系统共同文化的价值模式，经过对角色期望和促动因素的组织而在各自的相互作用中统一于其单位的具体行动’”。[④]上述关于制度的定义虽然存在较

① 中共中央文献研究室编：《邓小平年谱》，北京：中央文献出版社，2004年，第1351页。

② 道·诺斯：《制度变迁理论纲要》，《改革》，1995年第3期。

③ 柯武刚、史漫飞：《制度经济学：社会秩序与公共政策》，韩朝华译，北京：商务印书馆，2000年，第109页。

④ 塔尔科特·帕森斯、尼尔·斯梅尔瑟：《经济与社会》，刘进等译，林地校，北京：华夏出版社，1989年，第90页。

大差异，但都承认制度与观念（价值）、行为、结构（框架）有关。制度既是人们对共同价值或观念的反映，也是个体行为和社会活动的结构（框架）。综合关于制度的各种经典定义和阐释，并考察其与特定治理体系的关系，我们可以得出以下两方面的结论：

一方面，制度反映共同价值和普遍观念，是维系特定治理体系合法性的重要基础。对于制度与观念的关系，唐世平将制度与特定形式的观念直接等同起来，"制度是社会规则，既包括正式规则（如宪法、法律、国际规则），又包括非正式规则（如规范、禁忌、习俗）。因为规则是由观念构成的，所以制度本质上是观念的化身或者被规制化了（或者被条文化了）的观念"。[①]而在帕森斯的论述里，"维持与价值模式规范要求的相对一致性"和"维持制度化模式系统本身的相对连贯性"构成了制度的两项主要职责，正因如此，"价值模式本身是描述和分析制度模式的最基本参照点"。[②]制度既是特定价值和观念的反映，也是特定价值和观念走向实践的桥梁和载体。理解一个国家的制度，必须首先理解这些制度背后的价值追求和观念基础；理解一个国家的治理体系，必须首先理解一个国家的制度。

另一方面，制度限制个体行为和组织活动，是构建特定治理体系的结构框架。价值和观念也能限制个体行为或者社会活动，那么制度存在的意义是什么？换言之，共同的价值和观念为什么要"外化"为制度呢？那是因为，即使多数人认同的观念，也会因为一些人反对而难以成为社会普遍的规则。正如吉登斯所言，"因为合法性秩序倘若要产生任何约束力，它们就必须表现行动的结构性条件，这种结构性条件至少为集体或社会中特定比例的成员所认可。而且这种结构性条件还必须延展到大多数行动者身上，

---

① 唐世平：《制度变迁的广义理论》，沈文松译，唐世平校，北京：北京大学出版社，2016年，第5页。

② 塔尔科特·帕森斯、尼尔·斯梅尔瑟：《经济与社会》，第91页。

要不然集体或者社会想要享受的某种稳定生活将得不到保证”。[①]显然，仅仅依靠共同的认识无法形成稳定的社会活动的结构性框架。而制度正是将社会共同价值稳定为社会结构的主要途径，如唐世平所言，“人类社会由众多规则加以支撑。相互关联的制度组成一个制度体系，也就是一个制度化的子系统。社会由其整个制度体系加以支撑，而整个制度体系通常被理解为社会的‘结构’或‘社会结构’”。[②]无论这些个体或者主体的主观愿望如何，“在互动的背景下，在某个行动者那里是合法化的价值标准，在另一个行动者那里可能仅仅是行动环境的‘事实’特征”。[③]由此，只有通过制度才能超越群体互动中的观念分歧，社会共同的价值和观念才有可能外化为限制个体行为和组织活动的结构框架。

政治制度既要阐释和贯彻特定的政治价值和政治观念，也要构建特定的治理结构或社会结构。正如林尚立所言，“任何制度都蕴含价值理性和工具理性，制度的建设与完善一定是围绕着这两者的协调与统一展开的”。[④]对于民主集中制而言，价值理性和工具理性同样需要协调和统一。中国特色社会主义政治价值和政治观念的阐释、治理结构的塑造，都离不开作为制度存在的民主集中制。

国内关于民主集中制制度属性的界定虽然各有不同，但大多都是围绕价值阐释和结构塑造这两面展开的。杨光斌将“中国模式”直接界定为民主集中制，其理由正是民主集中制预设的价值属性、构建的治理结构是中国治理模式区别于西方模式的主要特征。一个国家的治理结构和政治模式“必然有其思想和制度上的历史连续性，以及因为独特而且有用所产生的特征独有性”；就中国而言，能将党和国家联系在一起、共同构成

① 安东尼·吉登斯：《社会理论的核心问题》，郭忠华、徐法寅译，上海：上海译文出版社，2015年，第113页。

② 唐世平：《制度变迁的广义理论》，第9页。

③ 安东尼·吉登斯：《社会理论的核心问题》，第113页。

④ 林尚立：《当代中国政治：基础与发展》，北京：中国大百科全书出版社，2017年，第225页。

独特的中国模式的，“非民主集中制莫属”。[①]对于民主集中制预设价值的作用，陈全认为，“追求每个人的全面发展”“实现人民共同富裕和人类彻底解放”“反对指导思想多元化”“否定抽象的社会公正、自由民主、世界和平的理念”“崇尚人民民主专政的理论”“中国特色社会主义理论的领导力量是中国共产党”是“我们党的民主集中制产生和发展的全面价值起点”。而“正是这一根本制度的指导下，才形成了我国民主政治发展道路，并在内容上和形式上，凸显出与资本主义民主政治发展道路的根本差异”。[②]换言之，民主集中制既是中国特色社会主义价值理念的产物，也是理解中国特色社会主义政治发展道路区别于西方政治道路的极佳视角。民主集中制构建了中国特色社会主义治理体系的结构，如杨光斌所指出的，“中国治理结构的核心就是一个概念，即民主集中制”。杨光斌还将这种治理结构概括为“可治理的民主”：“民主集中制，我给予一个新的表述，其实就是可治理的民主。可治理的民主首先是民主参与，其次是国家的自主性回应，第三是有效政府。民主集中制，有民主的部分，有集中的部分，有民主参与，有国家自主性回应，所以说民主集中制是可治理的民主。”[③]

综上所述，我们可以大致将民主集中制的制度属性定义为：民主集中制是中国特色社会主义政治价值和政治观念的具象化、规范化、制度化，是构建中国特色社会主义治理体系的结构性框架。具体而言，主要包括两个方面：一方面，民主集中制是中国特色社会主义政治价值和政治观念的反映。民主集中制是中国特色社会主义的政治价值和政治观念的制度形式；中国特色社会主义政治价值和政治观念丰富了民主集中制的内涵，并为民主集中制的制度属性提供了重要支撑。解释民主集中制的合法性和

① 杨光斌、乔哲青：《论作为“中国模式”的民主集中制政体》，《政治学研究》，2015年第6期。

② 陈全：《党的民主集中制的体制结构及其发展探析》，载黄蓉生主编：《党的十九大与民主集中制》，重庆：西南师范大学出版社，2018年，第16页。

③ 杨光斌：《中国善治的根本结构是民主集中制》，《党建文汇》（上半月版），2016年第7期。

自洽性，必须首先理解中国特色社会主义的政治价值和政治观念。反之，解释中国特色社会主义政治价值和政治观念的本质特征也需要观察民主集中制在治理实践中的发展和运行。另一方面，民主集中制塑造了中国特色社会主义治理体系的结构。民主集中制不仅决定了党、政府、社会等多种治理主体的运行规则，也决定了这些治理主体在国家整体治理体系中的功能、地位和相互关系。换言之，民主集中制构建了中国特色社会主义治理体系的结构框架。

二、民主集中制制度属性的哲学意蕴：形塑国家治理理念

一个国家的政治制度是这个国家政治价值和政治观念最生动的阐释。正如林尚立所言，“一个国家的制度精神，既是特定政治哲学的精神表达，同时也是源于相关民族精神文化的集中体现；它决定着一个国家的制度选择，同时也被所选择的制度所决定，因而，实际上是人与制度，民族与国家互动的结果，凝聚着组成一定政治共同体的人们对国家和制度最本质的诉求”。[①]一方面，特定的制度是特定政治价值和政治观念的反映。“制度的文化——认知性要素构成了关于社会实在的性质的共同理解，以及建构意义的认知框架。”[②]特定的制度实际上就是特定的政治价值和政治观念上升为普遍社会规则的一种路径或者形式。另一方面，特定的制度也在反复确定并强化特定的政治价值和政治观念。鲍·罗思坦认为，“制度规定了一种‘适当性逻辑’（logic of appropriateness），即制度告诉行为者在其所处的具体环境中，他们的偏好应该是什么”；通过这种方式，“制度不仅决定行为者的偏好，而且在一定程度上也创造着偏好。制度不仅创造了

① 林尚立：《当代中国政治：基础与发展》，第225—226页。

② W. 理查德·斯科特：《制度与组织——思想观念与物质利益（第3版）》，姚伟、王黎芳译，北京：中国人民大学出版社，2010年，第65页。

或在社会中构建了行为者的身份、财产、对现实的理解和共识”。[①]一个国家特定的政治价值和政治观念，需要制度作为其载体，这恰如无形的“精神”需要借助具体的“躯壳”才能“固化”下来，进而才有可能让“精神”在实践中得以传承和发展。特别是在社会或者国家转型期，人们的价值理念尤其需要制度加以明确和强化。正如马奇和奥尔森所言，“通过强化依然存在的相关价值和认知的结构，偏好和信念在模糊状态下的发展突出了制度的意义”。[②]

习近平同志指出：“‘名非天造，必从其实。’实现民主的形式是丰富多样的，不能拘泥于刻板的模式，更不能说只有一种放之四海而皆准的评判标准。”[③]社会主义中国的民主制度是马克思主义在实现中国化基础上与中国历史文化及其当代实践相结合的产物，与西方政治价值观殊途异旨，当然也不能适用西式民主形式和评判标准。民主集中制根植于中国特色社会主义价值理念，是中国特色社会主义政治价值和政治观念在民主形式上的反映；当然，民主集中制也在治理实践中反复确定并强化了中国特色社会主义的价值理念。从这层意义上来说，中国特色社会主义价值理念的独特性体现在民主集中制上，换言之，作为制度的民主集中制是对中国特色社会主义政治价值和政治观念独特性的最好阐释。

邓小平同志指出：“我们实行的是民主集中制，这就是民主基础上的集中和集中指导下的民主相结合。”[④]对于习惯了国家与社会、政府与市场、民主与独裁、自由与专制等二元对立的西方思维而言，一个价值的成立必然需要另一个对立的价值。与之相反，中国思维历来强调对立事物的统一

① 鲍·罗思坦：《政治制度：综述》，载罗伯特·古丁、汉斯–迪特尔·克林格曼主编：《政治科学新手册（上册）》，钟开斌等译，北京：生活·读书·新知三联书店，2006年，第215页。

② 詹姆斯·G. 马奇、约翰·P. 奥尔森：《重新发现制度：政治的组织基础》，张伟译，北京：生活·读书·新知三联书店，2011年，第39—40页。

③ 习近平：《在庆祝中国人民政治协商会议成立六十五周年大会上的讲话》，《中国人大》，2019年第19期。

④ 《邓小平文选》第2卷，北京：人民出版社，1994年，第175页。

性，讲究事物之间的协调和转换。所以，在二元对立思维中，民主与集中就是矛盾和冲突；而在中国思维中，民主和集中则是协调和转换。正如杨光斌所言，“民主和集中的通融性，对中国人而言是一种很正常的思维方法和工作方法”。①民主与集中的协调和转换是中国传统思维的产物，也是中国特色社会主义价值理念的重要特点。理解民主集中制中的民主和集中绝不能僵硬地采用二元对立的思维，而是要在具体情境和过程中理解民主与集中的协调和转换。②

对于民主集中制内含的政治价值和政治观念，本文认为至少包括以下三个方面：

首先，权利与效率的协调和统一。民主集中制是民主思想在社会主义中国的反映，是中国人民民主权利的实现形式。“人民民主是社会主义的生命。没有民主就没有社会主义，就没有社会主义现代化，就没有中华民族的伟大复兴。”③习近平同志指出的评价一个国家政治制度是否民主、有效的八个标准中，“全体人民能否依法管理国家事务和社会事务、管理经济和文化事业”“人民群众能否畅通表达利益要求”“社会各方面能否有效参与国家政治生活”“国家决策能否实现科学化、民主化”“各方面人才能否通过公平竞争进入国家领导和管理体系”等都是人民民主权利在治理实践中的具体体现。④但另一方面，中国的民主理念也强调制度运行的效率。邓小平同

① 杨光斌：《论作为“中国模式”的民主集中制政体》，《政治学研究》，2015年第6期。

② 对于如何理解具体情境和过程中二者的协调和转换，毛泽东同志曾经有过一段精辟的论述：“民主和集中之间，并没有不可越过的深沟，对于中国，二者都是必需的。一方面，我们所要求的政府，必须是能够真正代表民意的政府；这个政府一定要有全中国广大人民群众的支持和拥护，人民也一定要能够自由地去支持政府，和有一切机会去影响政府的决策。这就是民主制的意义。另一方面，行政权力的集中化是必要的；当人民要求的政策一经过民意机关而交付与自己选举的政府的时候，即由政府去执行，只要执行时不违背曾经民意通过的方针，其执行必然顺利无阻。这就是民主集中制的意义。”参见《毛泽东选集》第2卷，北京：人民出版社，1991年，第382页。

③ 习近平：《在庆祝人民代表大会成立六十周年大会上的讲话》，《中国人大》，2019年第19期。

④ 习近平：《在庆祝中国人民政治协商会议成立六十五周年大会上的讲话》，《中国人大》，2019年第19期。

志曾经指出，“社会主义国家有个最大的优势性，就是干一件事情，一下决心，一做决议，就立即执行，不受牵扯”。[①]实现这种优势的根本制度就是民主集中制：“这个制度（民主集中制）是最便利的制度，最合理的制度，是我们的根本制度。”[②]习近平同志也将中国共产党的制度优势归因于民主集中制。他强调，“民主集中制是科学合理有效率的制度，是我们党最大的制度优势”。[③]从中国政治实践来看，民主集中制既注重保障人民群众的民主权利，也注重提升党和国家制度体系的效率，是权利和效率两个价值理念在制度层面的协调和统一。

其次，形式和过程的协调和统一。人民代表大会制度是我国的根本制度，人民代表大会制度实践过程中的选举权与被选举权是我国实现和保障人民群众民主权利形式要件的重要方面。习近平同志十分注重保障人民群众的民主权利，并将其看作社会主义政治权力分配的重要途径和形式，强调“要保证基本群众代表比例，党政干部、企业负责人不要挤占应该给基本群众的名额，不要搞偷天换日、移花接木的欺骗手段。绝不能依据地位、财富、关系分配政治权力”。[④]但仅仅保护人民群众民主权利的形式要件是远远不够的：“古今中外的实践都表明，保证和支持人民当家作主，通过依法选举、让人民的代表来参与国家生活和社会生活的管理是十分重要的，通过选举以外的制度和方式让人民参与国家生活和社会生活的管理也是十分重要的。人民只有投票的权利而没有广泛参与的权利，人民只有在投票时被唤醒、投票后就进入休眠期，这样的民主是形式主义的。”[⑤]为了避免人民民主陷入形式主义的桎梏，社会主义中国注重保证民主的实质效果。关于民主的实际效果，除了人民满不满意这一后果评价

① 《邓小平文选》第2卷，第240页。

② 中共中央文献研究室编：《邓小平年谱》，第257页。

③ 习近平：《始终坚持和充分发挥党的独特优势》，《求是》，2012年第15期。

④ 习近平：《在第十八届中央纪律检查委员会第七次全体会议上的讲话》，《人民日报》，2016年5月3日第2版。

⑤ 习近平：《在庆祝中国人民政治协商会议成立六十五周年大会上的讲话》，《中国人大》，2019年第19期。

以外，还有一个过程要件的规定，即民主集中制实行与否，以及实行的好坏。习近平同志指出："我们走的是一条中国特色社会主义政治发展道路，人民民主是一种全过程的民主，所有的重大立法决策都是依照程序、经过民主酝酿，通过科学决策、民主决策产生的。"[①]这段讲话其实就是这种过程要件的生动体现，换言之，政治过程如果遵守了民主集中制，那么政治过程实质上就是民主的，反之亦然。概而言之，民主集中制将西方民主中的形式与实质的争议，转变成了社会主义民主中的形式与过程的协调和统一。

最后，原则与变通的协调和统一。民主集中制的形成、实施和发展过程就是原则和变通的协调和统一的过程。一方面，民主集中制是原则观念的反映。民主集中制是党和国家运行的基本制度，是原则观念在国家治理实践中的反映，其执行的严格与否，直接关系到中国革命和建设的成败得失。邓小平同志说过，"毛泽东同志把民主集中制提到很高的原则高度来讲，讲到要社会主义还是要资本主义、要无产阶级专政还是资产阶级专政的问题。……没有无产阶级的民主和无产阶级的集中，也就没有社会主义，资本主义就要复辟"。[②]另一方面，民主集中制的实践过程，也是根据特定的历史情境和具体情况，不断推进原则与变通相互协调和统一的过程。民主集中制是在中国革命和建设的实践过程中发展起来的，其应用过程就是我党面对实际情况灵活变通的过程。毛泽东同志指出："在反动和内战时期，集中制表现得多一些。在新时期，集中制应该密切联系民主制。用民主制的实行，发挥全党的积极性。"[③]也就是说，在革命和建设的不同历史阶段，民主集中制中的集中和民主并不是均衡强调的，"民主多一点，还是集中多一点"是可以灵活变通的。

---

① 《习近平在上海考察时强调：深入学习贯彻党的十九届四中全会精神，提高社会主义现代化国际大都市治理能力和水平》，《人民日报》，2019年11月4日第1版。

② 中共中央文献研究室编：《邓小平年谱》，第1351页。

③ 《毛泽东选集》第1卷，北京：人民出版社，1991年，第278页。

三、民主集中制制度属性的政治逻辑：规范国家治理结构

制度是将政治价值和政治观念上升为普遍规则的主要形式。通过制度的构建，特定的政治价值和政治观念成为解释和规范个体行为和社会活动的规则。马奇和奥尔森认为，“经过一整套惯例、作用、形式和规则等，政治制度对潜在的无序政治过程进行了规范。通过意义建构，政治制度创造出了一个解释框架，它有助于理解政治行为并提供其确定性”。[①]民主集中制约束着组织体系中的个人和不同层级组织的行为，为个人参与组织活动、不同层级组织处理彼此关系做出了明确的指引和限定。例如，民主集中制关于上下级组织的行为规定：“下级组织服从上级组织”“党的上级组织要经常听取下级组织和党员群众的意见，及时解决他们提出的问题”。再如，民主集中制关于党组织与党员个体行为的规定：“党员个人服从党组织”“党的各级组织要按规定实行党务公开，使党员对党内事务有更多的了解和参与”。[②]这些内容都是对于组织体系中的个人和不同层级组织所需承担的义务在制度上的具体规定。

不仅如此，民主集中制作为党内活动和国家治理的基本制度，也是解决党内活动和国家治理过程中个体和不同层级组织的功能定位及其相互关系的基本规则。例如，关于下级组织的功能定位及其与上级组织之间的关系，党章规定：“党的下级组织既要向上级组织请示和报告工作，又要独立负责地解决自己职权范围内的问题。上下级组织之间要互通情报、互相支持和互相监督。”[③]再如，在处理党的领导功能和人民代表大会的立法功能之间关系时，习近平同志就曾强调民主集中制的重要作用：“我们必须坚持党总揽全局、协调各方的领导核心作用，通过人民代表大会制度，

① 詹姆斯·G. 马奇、约翰·P. 奥尔森：《重新发现制度：政治的组织基础》，第51页。

② 《中国共产党章程》，载《中国共产党重要党内法规学习汇编》，北京：中国法制出版社，2019年，第16页。

③ 《中国共产党章程》，载《中国共产党重要党内法规学习汇编》，第16页。

保证党的路线方针政策和决策部署在国家工作中得到全面贯彻和有效执行。……善于运用民主集中制原则维护党和国家权威、维护全党全国团结统一。”①

综合来看，民主集中制不仅为组织体系中的个体行为和不同类型与层级的组织活动确立了普遍规则，而且通过规定各种治理主体功能定位和相互关系的方式，框定着我国治理体系的构建原则和结构框架。具体而言，民主集中制主要从以下三个方面规范着个体行为和组织活动，塑造了治理主体的功能定位和相互关系：

首先，明确了国家治理体系的领导核心。民主集中制关于下级服从上级原则自下而上层层推进，最后必然落定于党中央的全面领导，落定于国家治理体系中的“党领导一切”。在谈到治理体系构建的时候，党的几代领导人都通过民主集中制的解释框架，论证了我国国情与中国共产党领导地位的关系。邓小平同志指出：“在中国这样的大国，要把几亿人口的思想和力量统一起来建设社会主义，没有一个由具有高度觉悟性、纪律性和自我牺牲精神的党员组成的能够真正代表和团结人民群众的党，没有这样一个党的统一领导，是不可能设想的，那就只会四分五裂，一事无成。”习近平同志不仅强调在我国国情下坚持民主集中制的必要性，而且通过民主集中制的解释框架强调了中国共产党不可或缺的领导作用：“中国共产党是中国特色社会主义事业的领导核心，处于总揽全局、协调各方的地位。在当今中国，没有大于中国共产党的政治力量或其他什么力量。党政军民学，东西南北中，党是领导一切的，是最高的政治领导力量。中国共产党是执政党，党的领导是做好党和国家各项工作的根本保证，是我国政治稳定、经济发展、民族团结、社会稳定的根本点，绝对不能有丝毫动摇。”②通过民主集中制，中国共产党（党中央）在国家治理体系中明确了领导地位，其

① 习近平：《在庆祝人民代表大会成立六十周年大会上的讲话》，《中国人大》，2019年第19期。

② 《习近平在省部级主要领导干部学习贯彻十八届四中全会精神全面推进依法治国专题研讨班开班式上发表重要讲话强调：领导干部要做尊法学法守法用法的模范 带动全党全国共同全面推进依法治国》，《党建》，2015年第3期。

他治理主体也确定了自身的功能定位，以及其与中国共产党（党中央）之间的关系。

其次，确定了国家治理体系的权威顺序。“党员个人服从党的组织，少数服从多数，下级组织服从上级组织，全党各个组织和全体党员服从党的全国代表大会和中央委员会。”[①]这些简洁清楚的原则对党组织内部集体权威、多数权威、上级权威、中央权威做出了明确规定。除了党组织内部的这些原则规定外，民主集中制对权威顺序的构建还体现在国家治理体系的方方面面。例如，“健全充分发挥中央和地方两个积极性体制机制”，即是民主集中制在中央和地方关系上体现；而“理顺中央和地方权责关系，加强中央宏观事务管理，维护国家法制统一、政令统一、市场统一”[②]，则是对中央和地方二者权威顺序的明确规定。又如，在全面深化改革过程中，习近平同志既强调贯彻中央精神，也强调解决群众反映强烈的突出问题，强调“要坚持把自上而下的改革和自下而上的改革结合起来，鼓励地方、基层、群众积极探索”。[③]这些都是民主集中制在党和国家具体工作中的体现。当论及在全面深化改革进程中加强党的领导问题时，习近平同志强调，“中央将成立全面深化改革领导小组，负责改革总体设计、统筹协调、整体推进、督促落实。涉及全局的重大改革由中央统一部署，各地区各部门要按照中央要求推进改革，不要自行其是，更不要一哄而起”。[④]这段论述对全面深化改革进程中党中央（全面深化改革领导小组）与其他部门、地区关于权威顺序的问题做了明确规定。

最后，规范了国家治理体系的构建原则。我国治理体系构建坚持分工不分权的原则，这既是现代治理体系合理分工需要的反映，也是坚持中国

---

① 《中国共产党章程》，载《中国共产党重要党内法规学习汇编》，第16页。

② 《中共中央关于坚持和完善中国特色社会主义制度 推进国家治理体系和治理能力现代化若干重大问题的决定》，中华人民共和国中央人民政府网站，2019年11月5日。

③ 习近平：《全面深化改革必须加强和改善党的领导》（2013年11月12日），载习近平：《论坚持党对一切工作的领导》，北京：中央文献出版社，2019年，第36—37页。

④ 习近平：《全面深化改革必须加强和改善党的领导》（2013年11月12日），载习近平：《论坚持党对一切工作的领导》，第36—37页。

共产党领导地位的需要。一方面，治理手段的专业化和权力监督体系构建都需要国家治理主体之间合理的分工。习近平同志在谈到人民代表大会制度必须坚持民主集中制时，就曾专门强调“国家机关实行决策权、执行权、监督权既有合理分工又有相互协调”的重要性。[①]而在谈到权力监督、公正司法时，习近平同志也强调：“推进公正司法，要以优化司法职权配置为重点，健全司法权力分工负责、相互配合、相互制约的制度安排。各级党组织和领导干部都要旗帜鲜明支持司法机关独立行使职权，决不容许利用职权干预司法。”[②]但另一方面，我国治理体系要求的是分工而不是分权。分工与分权最大的区别就是有没有坚持中国共产党的领导地位。[③]习近平同志强调：“我们社会主义政治制度优越性的一个突出特点是党总揽全局、协调各方的领导核心作用，形象地说是‘众星捧月’，这个‘月’就是中国共产党。在国家治理体系的大棋局中，党中央是坐镇中军帐的‘帅’，车马炮各展其长，一盘棋大局分明。如果中国出现了各自为政、一盘散沙的局面，不仅我们确定的目标不能实现，而且必定会产生灾难性后果。”[④]而实现国家治理体系这种分工不分权原则的制度路径就是民主集中制。习近平同志在总结我国民主政治和治理体系的六大优势的时候，就曾专门强调了民主集中制对于形成国家治理合力的重要作用，“我们要坚持民主集中制的制度和原则，促使各类国家机关提高能力和效率、增进协调和配合，形成治国理政的强大合力，切实防止出现相互掣肘、内耗严重

① 习近平：《在庆祝人民代表大会成立六十周年大会上的讲话》，《中国人大》，2019年第19期。

② 习近平：《加快建设社会主义法治国家》（2014年10月23日），载《十八大以来重要文献选编（中）》，北京：中央文献出版社，2016年，第190页。

③ 尽管一些学者提出了“功能性分权”的概念，但所谓的“功能性分权”并未也绝不能分割中国共产党及其中央委员会实施全面领导的权威，就其概念的本质而言，“功能性分权”分割的仍然是“功能”不是“权威”。陈国权、皇甫鑫：《功能性分权：中国特色的权力分立体系》，《江海学刊》，2020年第4期，第128页。

④ 《习近平在省部级主要领导干部学习贯彻十八届四中全会精神全面推进依法治国专题研讨班开班式上发表重要讲话强调 领导干部要做尊法学法守法用法的模范 带动全党全国共同全面推进依法治国》，《党建》，2015年第3期。

的现象”。[①]

四、结语：民主集中制的制度优势

党的十九届四中全会将我国国家制度和治理体系的显著优势归纳为十三个方面，民主集中制既是这些制度和治理体系发挥优势的制度基础，也是将党的集中统一领导、人民当家作主、全国一盘棋、各民族平等等制度优势统一和协调起来，形成系统效应和整体优势的制度保障。邓小平同志曾将我国的制度优势与团结人民联系起来，从民主集中制出发阐释我国政治制度相较于西式民主制度的优势：“民主集中制也是我们的优越性。这种制度更利于团结人民，比西方的民主好得多。我们做某一项决定，可以立即实施。”[②]习近平同志则从形成治国理政强大合力的角度阐明了民主集中制的制度优势，强调“我们要坚持和完善民主集中制的制度和原则，促使各类国家机关提高能力和效率、增进协调和配合，形成治国理政的强大合力，切实防止出现相互掣肘、内耗严重的现象”。[③]可以说，民主集中制形塑了我国的国家制度和治理体系，是理解时代变迁中“西方之乱”和“中国之治”深层根源的重要视角。

在新时代更好地坚持民主集中制原则，必须深刻理解民主集中制作为一种制度的哲学意蕴、政治逻辑及其重要理论价值。从理论溯源和发展逻辑来看，作为社会主义民主政治本质属性的全过程人民民主，实际上是民主集中制原则被贯穿于我国政治实践各领域、诸环节之后，孕育出的理论成果和民主形态。民主集中制不仅形塑了中国特色社会主义制度体系的合法性基础和结构框架，也解释了中国特色社会主义制度体系科学性和合理

① 习近平：《在庆祝人民代表大会成立六十周年大会上的讲话》，《中国人大》，2019年第19期。

② 《邓小平文选》第2卷，第257页。

③ 习近平：《在庆祝人民代表大会成立六十周年大会上的讲话》，《中国人大》，2019年第19期。

性的内在逻辑。在中国特色社会主义民主政治制度下，只有坚持民主集中制原则并将其贯穿于党的政治生活和国家治理的方方面面，才能最大限度地发挥民主的价值功能，进而不断完善与中国式现代化道路相匹配的全过程人民民主。

新时代城市基层党建
引领基层治理研究的方法论转换
——以粤港澳大湾区九地市党建引领基层治理研究为例

邓善凤[1]　吴记峰[2]

1．中共广州市委党校党史党建教研部副教授

2．中共广东省委党校党的建设教研部副主任、副教授

摘　要：在国家治理体系和治理能力现代化建设的整体框架下，中组部提出城市基层党建引领基层治理创新的崭新命题，应对快速城镇化进程中基层党建和基层治理领域出现的新情况新变化新要求，并在多地开展了试点工作。包括粤港澳大湾区九地市在内，试点地区所进行的改革创新推进了城市基层党建引领基层治理研究的方法论转换，如研究思想从“以秩序为中心”到“以人民为中心”的转换、研究范式从“价值—制度”到“条件—形式”的转换、研究单位从“县域治理”到“市域治理”的转换、研究导向从问题导向到目标导向的转换、研究路径从文本研究到田野研究的转换、研究方法从定性研究到定量研究的转换等，推动城市基层党建引领基层治理的研究向纵深发展。

关键词：城市基层党建　基层治理　方法论转换　以人民为中心　田野研究

基金项目：本文为国家社科基金后期资助项目“自然村自治与新农村建设研究”（19FZZB016）、国家社科基金青年项目“社会流动对民众政治信任的影响及其中介效应研究”（19CSH040）、广东省哲学社会科学规划

青年项目“粤港澳大湾区背景下的城市基层党建引领基层治理创新研究”（GD19YDS01）、中共广东省委党校（广东行政学院）2019年度一般课题“粤港澳大湾区背景下党建引领基层治理创新研究”（XYYB201905）的阶段性成果

“城市基层党建”是近年来党的建设工作的一个新命题。2017年7月，中组部在上海召开的全国城市基层党建工作经验交流座谈会上提出了“城市基层党建”概念，随后举办了多场专题培训班、理论研讨会，进一步研究城市基层党建的概念体系和理论建构。经过两年的调研和试点，中组部于2019年5月以中共中央办公厅的名义印发了《关于加强和改进城市基层党的建设工作的意见》，在全国进一步铺开城市基层党建引领基层治理的实践和研究。在党的二十大报告中，“城乡社区治理”被纳入“国家安全体系和能力现代化”范畴，城市基层治理的地位和重要性进一步提升。与之相适应，城市基层党建亦要向纵深发展。但在“城市基层党建”概念及党建引领基层治理理论体系提出的五年多来，学界对这一领域的关注不足，学者们大多关注党政系统内部的具体政策和做法，对相关理论的运用比较简单，并未深入梳理，而从学理上对理论本身的系统研究以及对方法论的创新研究明显不足，极大地限制了这一领域的研究进一步深化，也削弱了相关研究成果解释现实和预测未来的能力，这一困境也反过来导致学术研究对城市基层党建的实践供养不足，不少地方在开展工作时会感到困惑和迷茫，有的地方还用“城市基层党建”这个新瓶装上了传统党建工作模式的旧酒。

我国常住人口的城镇化率超过了六成，珠三角地区的城镇化率已超过85%，而深圳常住人口的城镇化率更是高达100%，因而城市基层党建是未来发展的趋势所在，现阶段在率先发展的地区观察和思考基层党建引领基层治理的建设是十分必要的，这里高度发展的城市化建设为城市基层党建引领基层治理提供了有效的实践和前沿的思考。因此，本文将聚焦粤港澳大湾区，尤其是珠三角的党建引领基层治理实践，挖掘其中比较成熟的城市基层党建引领基层治理经验，深入研究适应新时代城市基层党建引领基

层治理理论和实践的方法论创新，为进一步丰富这一领域的理论研究和方法论研究提供参考，也为服务实践的政策性研究提供方法论的支持。

一、粤港澳大湾区党建引领基层治理的新面相

经过一百多年的生长，党的组织已经深深扎根社会土壤之中，形成了纵向到底、横向到边的复杂结构。换言之，社会发展到哪里，党的组织就覆盖到哪里，像混凝土里的钢筋一样将社会有机地整合起来。[①]有人形象地描述，党的组织特别是基层组织支撑起了世界上最大的政党、最大的国家，并成功承载了中国历史上最大的变革和最快的发展。[②]在全面建设社会主义现代化国家起步的关键时期，城市的治理体系和治理能力也面临着现代化压力，城市基层党建也亟需进行发展路径的转换。正如习近平同志指出："只有聆听时代的声音，回应时代的呼唤，认真研究解决重大而紧迫的问题，才能真正把握住历史脉络、找到发展规律。"[③]比如在改革开放的前沿地——深圳，其商事主体在2016年有265.8万家，到2022年8月底已经增加到385万家，而新登记商事主体超过九成属于第三产业。这一领域也是基层党建需要覆盖的领域，但与过去的"将支部建在连上"、建在机关、建在学校、建在农村等不同，建在"两新"组织上的支部呈现出人员流动性大、生产经营压力严重挤压党建业务、传统党建工作局限性大等特点，造成很多"两新"党组织"建了散、散了建"。类似的情况也发生在中山、东莞等城市，其镇区经济以中小企业为主，很多企业仍延续传统的生产模式，其党建的内生动力更是不足。

目前，粤港澳大湾区党建引领基层治理总体上呈现出四个新特点：

第一个特点是领先一步的创新推进实践经验累积。基层党组织是服务群众"最后一公里"的重要阵地，自上而下的管理职能、服务功能、治理效

① 石军：《在全国城市基层党建工作理论研讨会上的讲话》，2018年11月28日，上海。

② 石军：《在全国城市基层党建工作理论研讨会上的讲话》，2018年11月28日，上海。

③ 习近平：《论党的宣传思想工作》，北京：中央文献出版社，2020年，第225页。

能最终都落到基层，尤其是社区一级，有人将之形象地描述为“上面千条线，下面一根针”。一方面，粤港澳大湾区着力破除计划经济体制影响下的社会管理模式的束缚，摒弃试图将计划经济的“条条”和市场经济的“块块”整合起来的“职责同构”的特殊政府管理模式，[①]进而推进社会治理的扁平化。比如说，深圳建立了“两级政府、四级管理”的体制，近年来还将物业住宅小区纳入基层治理体系，以提高基层治理的精细化、精准化。经过实践，他们也发现这一改革与基层治理体系扁平化、精简化存在内在张力，需要更进一步的创新来解决这一问题。另一方面，习近平总书记在考察广东时强调，“要把更多资源、服务、管理放到社区，为居民提供精准化、精细化服务，切实把群众大大小小的事办好”。例如，深圳赋予社区书记七级事业编制，社区“两委”班子纳入社区工作者序列，部分区为社区工作者设置十三级的晋升序列，而宝安区更是要将社区打造为“准街道办”，在每个社区设立“一办两平台”，综合办设置专门负责综合文秘、档案、收发文、人事、后勤、财务、信息公开、廉政建设等工作的岗位，其他两个平台也都设置了内勤人员。但这项创新尚未成熟，一些地方出现了资源下沉但未能激活基层的情况，比如有的社区承接了街道下转的职责，一年内仅“协同网”的收文就高达6908件。另外，不断规范化、制度化的事务性工作需要大量台账，而完成这些台账消耗了基层大量的人力、物力，导致社区“两委”干部经常出现“在社区不入户”的情况。针对这种情况，深圳进一步理清社区、街道、区、市职能部门的职责划分，在之前的经验上进行更深层次的改革，以适应治理体系和治理能力现代化的要求。

第二个特点是领先一步的尝试暴露传统模式局限。2021年，粤港澳大湾区的经济总量约12.6万亿元人民币，市场经济高度发达，市场主体高度活跃，各种资本聚集碰撞，尤其是非公有制经济的发展走在了全国前列。2018年10月，习近平总书记到广东考察时指出，要“把推进政治、经济、文化、社会、生态以及党的建设等各方面改革衔接起来”。近年来，粤港

① 朱光磊：《“职责同构”批判》，《北京大学学报（哲学社会科学版）》，2005年第1期。

澳大湾区各地市也不断尝试开辟新径将党的建设改革与各方面改革衔接起来、融合起来，将不断涌现的新事物、新行业、新领域纳入基层党建范畴。在这一过程中，传统的党建模式逐渐显现出其局限性：比如在党组织的设置上，过去的党组织大多依托于有形的、稳定的、生命周期较长的社会主体，比如说机关单位、国企央企、学校、工厂等，而“两新”组织中党员流动性大、企业内部变革快等问题对党组织的建立和运行提出了新要求；又比如说当前党的组织生活创新滞后于新兴党建领域的发展，也滞后于年轻党员的需要等。反过来，基层党建的改革要求也制约了传统党建优势的发挥，面对各种创新、改革和试验，基层党组织对党在新形势下如何领导、如何引领、如何发挥先锋队作用普遍存在认识不够充分、理解不够准确的情况，也存在将党的领导简单化、绝对化的现象，抑或被市场经济牵着鼻子走，将党的领导弱化、淡化、边缘化，迫使党建常常不得不为业务“让路”。

第三个特点是领先一步的改革刺激潜在矛盾显现。在城市化高度发展的珠三角之外，粤港澳大湾区部分地市村集体经济的发展仍然处于重要转型期，特别是在有效实现村集体经济改革的基础上，推进“政经分离”“政社分离”改革，逐步调整过去农村党组织、自治组织、集体经济组织三驾马车“政经不分”的情况。然而，在剥离经济职能之后，党组织如何才能牢牢握住“经济命脉”，引领这些地区的“再城市化”，既能不因缺少经济来源而被“绑架”，又能避免与经济纠缠不清，即容易在集体经济组织出现贪腐问题时受到波及，让村民误以为是党组织出了问题，否定党组织在基层的战斗堡垒作用，①这是在改革过程中需要解决的重要问题。为了解决这一矛盾，深圳等地领先一步对村集体经济进行股份化改革，通过公司化运作、市场化经营、职业经理人管理等探索强化基层党组织对村集体经济领导的新模式，但这种模式也引起了很多争议，不少地方的改革也出现了反复，

① 参见郑杭生：《多元利益诉求统筹兼顾与社会管理创新》，武汉：华中科技大学出版社，2012年，第314页。

打着改革的旗号恢复传统的集体经济党建模式。

第四个特点是领先一步的探索促使崭新问题提出。粤港澳大湾区上升为国家战略已有五年多的时间，既迎来了全球治理体系和国际秩序变革加速推进、“一带一路”建设深入推进等发展大势，为粤港澳大湾区更高水平地参与国家合作和竞争拓展了空间，也面临着世界经济不确定不稳定因素增多，大湾区经济运行存在产能过剩、供求结构不平衡不匹配、经济增长内生动力有待增强等挑战。在这一背景下，对于发展大势及风险挑战的探索与思考也引出了党的建设领域一系列新的问题，比如说大湾区需要积极探索“一事三地、一策三地、一规三地”，做到坚守“一国”之本、善用“两制”之利，这是过去基层党的建设所未曾面临的新问题。同时，粤港澳大湾区党建引领基层治理所呈现的新特点也要求创新解释问题和规划未来的理论体系和研究方法。

二、改革创新推进城市基层党建引领基层治理研究的方法论转换

（一）研究思想的转换：从“以秩序为中心”到“以人民为中心”

长期以来，基层治理在具体实践中为了保障改革进程的稳定推进，“搞定就是稳定”“摆平就是水平”“没事就是本事”“妥协就是和谐”等思想大行其道，秩序偏好十分明显，而这种秩序偏好也从政策实践传导到了学界研究当中，不少学者对治理能力和效能的研究都聚焦于秩序目标。经过改革开放四十多年的发展，这种简单、粗放甚至看起来强硬的秩序目标与社会发展活力释放之间的张力越来越凸显。从党在一百多年的奋斗历程来看，基层党建从来都不是封闭的、机械的，而是在全心全意为人民服务的宗旨下不断完善的。这是马克思主义政党的内在要求，人与社会的全面发展、人类文明的进步才是其终极的追求。[①]在科学判断中国特色社会主义进

① 林尚立：《中国共产党与国家建设》，天津：天津人民出版社，2017年，第48页。

入新时代、中国社会主要矛盾已经转化为人民日益增长的美好生活需要和不平衡不充分的发展之间的矛盾的基础上，党的十九大报告正式提出“以人民为中心”的发展思想，并要努力打造共建共治共享的社会治理格局。[①]相应地，中组部也将“以人民为中心”融入了城市基层党建理论创新当中，发挥党的组织优势把日益分化的社会重新凝聚起来，推动社会发展以满足人民对美好生活的向往。[②]党的二十大报告进一步强调了“坚持人民城市人民建、人民城市为人民”的理念[③]。在这一背景下，“以人民为中心”已然成为基层治理的重要理念，而有关这一理念融入城市基层党建及其对基层治理的引领研究中的方法论问题也成为新的课题。当前，中国社会正处于深刻转型时期，社会要素活跃，利益诉求多元，社会矛盾凸显，基层党建更是要紧紧扣住人的需求，成为有温度、有色彩、有韵味、有价值的引领力量。粤港澳大湾区作为中国改革开放的前沿地，是市场经济发展较早、市民社会发育较好的地区之一，同时也是社会结构复杂、外来人口占比大、社会治理难度大的地区之一。以深圳为例，截至2021年末，深圳常住户籍人口556万人，常住非户籍人口超过1200万人，[④]而实际管辖人口更是突破2300万。以此数据测算，深圳非户籍人口（包括流动人口）占比接近八成，其户籍人口大部分也是近年通过人才引进等方式落户的“新深圳人”，同时还因毗邻港澳有大量的港澳同胞和海外侨胞。在这里，“以人民为中心”有了更多的层次、更广的含义。为适应这一发展形势，深圳近年来的基层党建紧紧扣住这座城市发展变化的特点，围绕“人”的因素不断探索和创新，以适应人与城市在发展中的需求。这一变化也促使“以人民为中心”

---

① 习近平：《决胜全面建成小康社会　夺取新时代中国特色社会主义伟大胜利——在中国共产党第十九次全国代表大会上的报告（2017年10月18日）》，北京：人民出版社，2017年。

② 石军：《关于城市基层党建工作的重点难点问题——在全国城市基层党建工作专题培训班上的讲稿（2018年6月1日）》，北京，2018年。

③ 习近平：《高举中国特色社会主义伟大旗帜　为全面建设社会主义现代化国家而团结奋斗——在中国共产党第二十次全国代表大会上的报告（2022年10月16日）》，北京：人民出版社，2022年。

④ 参见深圳市统计局编：《深圳市2021年国民经济和社会发展统计公报》，2022年。

成为城市基层党建引领基层治理研究的重要价值导向，要求在研究中做到“眼中有人”，看到人的实际需求，解决人的实际问题，站在人的立场思考社会结构变化、社会利益分化及社会思想进步，而这也是马克思主义以人作为研究历史和社会关系逻辑起点的基本要求。①

（二）研究范式的转换：从“价值—制度”到“条件—形式”

当治理模式因社会快速发展而发生变化后，关照中国实践的研究范式也面临转换压力。②在中国现代化建设初期，首要任务是进行制度创设，并对不同制度进行统一和协调。在这一阶段，学界倾向于采用“价值—制度”研究范式寻找一种好的治理理念，然后以这种治理理念为标杆指出已有制度改进与完善的方向。随着制度创设的任务基本完成，基层治理的总体框架也搭建起来，这时就需要在具体场景中落实制度并寻找其不断完善的动能，这也推动其研究范式开始向“条件—形式”转变。“条件—形式”研究范式强调的是在现有制度的基础上统一目标并尊重差异性，进而探索多种有效实现形式。以粤港澳大湾区为例，除港澳之外的九地市在文化底色和发展轨迹上具有较高的相似性，但各地市的具体发展模式及其所处的发展阶段仍有一定的差异。比如说在城市化进程中对基层党建和基层治理影响较大的农村集体经济的改革发展中，深圳自20世纪80年代就开始探索农村集体经济的股份制改革，并在1990年代开始推进农村集体经济的公司化运作和市场化经营，如今在全域范围内已实现了农村集体经济的“政经分开”。近年来，广州、佛山、东莞、中山、珠海等地市也先后推进农村集体经济的股份制改革、股权固化等，其中，佛山、珠海、中山等积极推进了“政经分离”改革，而东莞仍坚持村（社区）党组织、村（居）民自治组织、农村集体经济组织“三块牌子、一套班子”模式。这种发展差异也导致大湾区

① 参见徐勇：《政治学“田野学派”的崛起》，载徐勇、邓大才主编：《政治科学研究（2018年上卷）》，北京：中国社会科学出版社，2019年，第5页。

② 参见徐勇：《实践创设并转换范式：村民自治研究回顾与反思》，《中国社会科学评价》，2015年第3期。

各地市基层党建和基层治理的变革历程不尽相同。放眼全国，各地的发展差异更为显著。因此，新一轮城市基层党建引领基层治理创新的研究必须要在深入调查和研究的基础上，"因地制宜"地进行"分类指导"，在不同的条件下探索多种有效实现形式，而不是执着于一种"放之四海而皆准"的理想模式。

（三）研究单位的转换：从"县域治理"到"市域治理"

自秦朝设郡县以来，中国就有"郡县安，天下安"之说。两千多年来，"县"一直是中国传统政治中最基本、最重要的治理单元。[①]近代开启现代化进程以来，县也成为连接城市与乡村、传统与现代、中心与边缘地带的"接点"，[②]县域治理一度占据十分重要的地位。特别是随着村民自治和基层民主的发展，"县政"也在上世纪末、本世纪初成为联系国家上层和地方基层、中央领导和地方治理的结构性转换点，[③]"县政改革"[④]与"县政治理"[⑤]成为基层治理研究中的显学。但随着城市化的快速推进，各地纷纷"撤县设区"，[⑥]"市"或由县转化而来的"区"也逐渐取代"县"成为城市治理的中枢，如粤港澳大湾区内的广州、深圳、佛山、东莞、中山、珠海等原珠三角核心六市早已没有了县的建制。中组部在关于落实城市基层党建的指导精神中明确指出，要让整个城市基层党建运转起来，就必须把市、区、街道、社区四级党组织这个城市基层党建的主体架构建设好，形成

---

① 徐勇：《国家化与地方性背景下的双向型县域治理改革》，《探索与争鸣》，2009年第11期。

② 徐勇：《"接点"政治：农村群体性事件的县域分析》，《华中师范大学学报（人文社会科学版）》，2009年第6期。

③ 徐勇：《县政、乡派、村治：乡村治理的结构性转换》，《江苏社会科学》，2002年第2期。

④ 于建嵘：《县政改革是中国改革新的突破口》，《东南学术》，2008年第1期。

⑤ 桑玉成、梁海森：《从基层民主的发展空间看县政治理的取向》，《社会科学》，2017年第12期。

⑥ 高琳：《快速城市化进程中的"撤县设区"：主动适应与被动调整》，《经济地理》，2011年第4期。

一贯到底、强劲有力的四级联动体系，尤其要增强市、区两级党委的领导力、组织力、牵引力，市委要履行好主体责任。[①]2018年，中组部选取了214个城市作为基层党建创新试点单位（其中，地级以上市103个，县级市111个），同样以“市”作为基本的单元。此外，城市基层党建创新走在全国前列的上海、北京也将改革聚焦在“市”一级，而深圳也在全市层面上构建起“1+10+N”的党群服务中心体系。在这种情况下，城市基层党建引领基层治理研究的基本单元也需要由“县”向“市”转换，例如关注各地市市委牵引性作用的发挥，着重研究目前基层治理普遍存在的就街道社区抓街道社区、靠基层抓基层、小马拉大车的问题。[②]

（四）研究导向的转换：从问题导向到目标导向

在很长一段时间里，“以问题为导向”是推动基层党建工作不断取得新成效的关键，[③]是建构整体性城市治理模式的关键，[④]也是灵活运用马克思主义活的灵魂的成果。[⑤]学者们似乎也形成一种共识，在人文社会科学的研究中，困难的不是答案，而是问题，提出问题才是理论研究的起点。[⑥]在政策研究和基层改革实践层面，“问题导向”也被广泛运用，甚至出现了“无问题不研究、无问题不改革”的趋势。近年来，越来越多的学者开始反思这种“问题导向”，他们认为这种建立在个人主观洞察力基础上、针对某一具体问题的研究导向具有很大的局限性，难以在宏观层面上形成前瞻性的理论突破。[⑦]习近平总书记曾在国家治理体系和治理能力现代化层面铺展其大历

① 石军：《关于城市基层党建工作的重点难点问题——在全国城市基层党建工作专题培训班上的讲稿（2018年6月1日）》，北京，2018年。

② 石军：《关于城市基层党建工作的重点难点问题——在全国城市基层党建工作专题培训班上的讲稿（2018年6月1日）》，北京，2018年。

③ 刘安：《以问题导向加强基层党的建设》，《人民论坛》，2019年第2期。

④ 李华：《问题导向的整体性城市治理模式建构》，《社会科学家》，2018年第11期。

⑤ 陈松友：《为何坚持问题导向》，《人民论坛》，2018年第25期。

⑥ 盛昭瀚：《问题导向：管理理论发展的推动力》，《管理科学学报》，2019年第5期。

⑦ 白长虹：《反思“问题导向”》，《南开管理评论》，2019年第6期。

史观的图景，指出今天中国的国家治理体系是在历史传承、文化传统、经济社会的基础上长期发展、渐进改革、内生性演化的结果。[①]党的十九届四中全会通过的《中共中央关于坚持和完善中国特色社会主义制度推进国家治理体系和治理能力现代化若干重大问题的决定》也强调了要保持中国特色社会主义制度和国家治理体系的稳定性和延续性。在此背景下，不少学者开始立足于历史延续性的视角开展学术研究，“目标导向”成为新的发展趋势。比如说，有学者从历史延续性的角度研究中国社会变迁的起点和底色，[②]深度挖掘支撑中国道路历史延续性的内在动力和活力。[③]在历史延续中思考不拘泥于“传统”，[④]更是指向“未来”，[⑤]是在对未来进行前瞻性预测的前提之下确定当前的改革方向。[⑥]因此，在中国特色社会主义进入新时代并全面开启社会主义现代化新征程背景下兴起的城市基层党建引领基层治理创新研究，不仅要回应当前发展所提出的问题，更要在科学预测未来社会发展形态的基础上进一步思考当前问题更优的解决路径。[⑦]换言之，在坚持问题导向的基础上更加注重目标导向，是城市基层党建引领基层治理创新研究面向未来、探索党建引领基层治理新路子的必然要求。

（五）研究路径的转换：从文本研究到田野研究

城市基层党建还是一个比较新的概念，地方上对于其理念和实践的认识还处于比较浅的层次。为了从纵深上推进城市基层党建，中组部先后发布多个通知和意见进行说明和布局，相关的文字材料十分丰富，学者们通

① 《习近平谈治国理政》（第1卷），北京：外文出版社，2014年，第105页。

② 徐勇：《历史延续性视角下中国农村调查回眸与走向》，《吉林大学社会科学学报》，2018年第3期。

③ 徐勇：《历史延续性视角下的中国道路》，《中国社会科学》，2016年第7期。

④ 徐勇：《当前中国农村研究方法论问题的反思》，《河北学刊》，2006年第3期。

⑤ 桑玉成：《中国政治学40年：议题设置与政治发展》，《学习月刊》，2019年第12期。

⑥ 吴记峰：《粤港澳大湾区背景下城市基层党建的使命与前瞻》，《广东党建》，2018年第6期。

⑦ 吴记峰：《粤港澳大湾区城市基层党建创新路向研究》，载全国党建研究会秘书处编：《城市基层党建理论与实践》，北京：党建读物出版社，2019年，第267页。

过梳理这些文字材料也形成了不少研究成果。然而，城市基层党建引领基层治理创新是一项强烈观照现实的政治实践，其出发点和落脚点都是为了进一步加强党在基层的全面领导，进而推进基层治理能力和治理体系的现代化，满足人民对美好生活的向往，从文本到文本的研究显然难以满足城市基层党建引领基层治理创新的理论建构和实践要求。当下，中国正处于快速城镇化的进程中。例如在粤港澳大湾区，当地人的就地城镇化和外来人的市民化都在快速推进，而走在最前列的深圳已在2004年实现全面城市化的基础上，开始了新一轮“再城市化”过程。在这样的历史背景下，中组部自2017年在上海召开全国城市基层党建工作座谈会之后，就开始将基层党建和基层治理的重心转移到城市，而党的十九届四中全会也明确提出了“市域治理现代化”的概念，党的二十大报告进一步提出了“市域社会治理现代化”。这些正式文件释放的政治信号也促使越来越多的学者走出书斋、深入基层、深挖实践，让“应然”的研究能够落地于“实然”。[①]

（六）研究方法的转换：从定性研究到定量研究

通常，社会科学服务政策研究的目标不在于提出具体政策，而是为政策制定提供理论参考与方法依据，这是现代社会分工的要求。[②]因此，社会科学的研究应特别注意研究方法的选择，要为研究目的选择最合适的方法。[③]在文本研究占主流的背景下，学者们也偏好定性研究，倾向于通过文献梳理、个案研究、访谈座谈、参与研究等进行政策分析，而现阶段的党建引领基层治理研究也呈现出这个特点。随着实践创新的深入，面上的定性研究逐渐显现出其局限性。例如，粤港澳大湾区凭借雄厚的积累，正借着政策的东风迅速发展，原有的基层治理模式在诸多领域出现了“难以为

---

① 徐勇、邓大才：《政治学研究：从殿堂到田野》，载邓正来、郝雨凡主编：《中国人文社会科学三十年：回顾与前瞻》，上海：复旦大学出版社，2008年，第321页。

② 徐勇：《“分”与“合”：质性研究视角下农村区域性村庄分类》，《山东社会科学》，2016年第7期。

③ 徐勇：《“分”与“合”：质性研究视角下农村区域性村庄分类》，《山东社会科学》，2016年第7期。

继”的窘境。不管是新出现的问题还是历史遗留问题，定性的研究方法并不利于清晰地描述问题、精准地回应问题以及科学地预测问题。在国家已经全面铺开基层治理体系和治理能力现代化建设、大力推进党建引领基层治理新模式的时代背景下，这一领域的研究需要将定性研究与定量研究相结合，以大型的、专业的、长期的社会调查工程来夯实研究的根基。

三、新时代城市基层党建引领基层治理创新研究方法论转换的实现路径

（一）抓住主体转换研究思想

首先是要研究“人”，把对人的研究作为基层党建引领基层治理研究的重点与核心，例如通过类型学研究方法更加细致地区分城市中的“人”，也在此基础上更全面和深入地研究城市中的“人”。其次是要尊重“人”，将人民对美好生活的向往作为基层党建引领基层治理研究的出发点与落脚点，特别是要回应弱势群体和底层群众的呼声，在“共同富裕”的目标导向下制定政策，努力推进社会治理的共建共治共享。最后是要依靠“人”，基层党建引领基层治理的研究不应在书斋中“闭门造车”，而是要深入群众、深入调查，要到“人”的中间去观察社会的自组织形式和自运作机制，从草根的、微观的社会治理模式中挖掘党建与治理创新的大智慧。

（二）尊重差异转换研究范式

一方面要寻诊问脉找差异，仔细甄别典型案例并进行长期跟踪，形成多个案深度研究，建立城市基层党建引领基层治理的数据库，然后通过构建模型更全面地认识党建生长及其引领基层治理社会机制和基本规律，从而更准确地理解党建引领基层治理创新的基础与条件。另一方面要对症施策寻路向，在与全国范围城市基层党建引领城市基层治理目标保持一致的前提下，引导和鼓励各地根据自身实际情况出台具有地方特点的指导意见，提高政策的科学性与适用性，形成城市基层党建引领基层治理实践及

研究百花齐放、百舸争流的局面。

（三）立足城市转换研究单位

一是研究各地市市委领导统筹能力的强化，探索各地市基层党建领导小组和基层治理领导小组的做实做活与系统整合，并以地市为单位提出党建引领基层治理政策文件制定与完善的建议。二是研究各地市市委组织部牵头抓总作用的发挥，探索市委组织部相关工作人员抓城市基层党建和基层治理工作能力的提升，评价高标准培训、高质量研修等手段的效能，寻找提升其深化党的建设改革自觉的有效途径。三是研究各地市间基层党建引领基层治理创新联动机制的构建，比如加强工作交流与学术研讨的联席会议、年度论坛等方式，研究各地市在保持自身特色基础上形成相对统一的城市基层党建引领基层治理基础标准、制度体系、创新模式。

（四）对标未来转换研究导向

要在历史延续性中发现规律，在描绘未来社会形态的图景中思考基层治理改革，在探索未来基层治理模式中推进基层党建工作创新发展，特别是要分析基层党组织在未来社会形态及基层治理中需要发挥什么作用、怎样发挥作用等，进而在明晰目标导向下深化城市基层党建引领基层治理创新路向研究。也要对标基层治理体系和治理能力现代化的要求，深入剖析现代化程度较高的国家或地区如新加坡等在社会治理方面的经验，面向未来的城市基层党建引领基层治理进行前瞻性的设计。还要积极开展社会实验，选取像粤港澳大湾区里对外开放力度更大的深圳先行示范区、广东自由贸易区、深港科技创新特别合作区、深港社会融合试验区、港澳青年创新就业示范区等平台进行观察，形成对未来场域下的城市基层党建引领基层治理模式更直观也更深刻的认识，也为其他地区的改革提供观察的窗口。

（五）深耕田野转换研究路径

城市基层党建引领基层治理的研究向“田野研究”、实证研究转换，一是要与组织系统形成良性互动，推动组织系统内部的深化改革，提升组织系统内部的研究能力，解决“研究室不研究、调研室不调研”的问题，破除其“低头干活多，抬头看路少”的沉疴，并加大专业人才输送力度，着力培养既懂政策又能做研究的“正规军”。二是要推动本土高端智库快速发展，依托高校、党校等知识密集型单位，建设建强一批扎根基层、了解基层的党建创新研究智库，进一步打破学术研究与政策实践之间的壁垒，集聚一批党建引领基层治理创新研究的“常备军”。三是引入国内相关研究领域的一流团队，加强职能部门与研究机构的交流与合作，创新课题合作方式，组建城市基层党建引领基层治理创新研究的“雇佣军”。

（六）重视输出转换研究方法

一是大面积铺开城市基层党建引领基层治理系统调查工程，依托现有的社会调查中心，开启“百居观察”“百企观察”等大型问卷调查，打造“城市基层党建引领基层治理数据库”，为深入研究城市基层党建引领基层治理提供强大数据支撑，也为科学规划城市基层党建引领基层治理的未来发展提供预测模型。二是打造城市基层党建引领基层治理资政体系，在对城市基层党建引领基层治理数据库的年度数据和历年数据进行分析的基础上，系统性撰写高质量的资政报告，服务于正在推进中的政策创新实践。

党建“生态化”：非公党建“名”“实”转换逻辑的新分析框架

——基于相关研究文献的初步讨论

董　明

浙江省委党校全面从严治党研究中心研究员

浙江省委党校政治学教研部教授

摘　要：非公有制企业党建工作，是极具中国特色的政治经济学实践场域，以至在西方理论视域里，堪称又一个费解的“斯芬克斯之谜”。也正因为其“新”，就我国的具体实践来看，在肯定非公党建工作已发挥了重要作用的同时，也不能回避仍不同程度存在着非公企业党组织建而不用、有名无实等现象，并因而妨害中国式现代化事业的更好推进的问题。本文在对既有文献进行较系统梳理的基础上，借鉴生物学“共生”理论，提出了党建“生态化”这个较新颖的分析框架，即把对非公党建实效的考察尽量“还原”到其所置身的我国独特社会运行系统的互动关联之中，揭示非公党建何以必要又何以可能的内在运行机制，提炼出更具一般意义的非公党建创新生态系统共生路径，并进而尝试对中国政治经济运行独特逻辑中一个维度的党建实践经验做出可能的“概念化”努力。简言之，本文主要对党建“生态化”这一非公党建“名”与“实”有效转换逻辑新分析框架何以可行且有效进行一个基于相关研究文献的初步讨论。

关键词：非公党建　“名”与“实”　转换逻辑　方法论　“生态化”

一、问题缘起

2000年9月，中共中央组织部印发《关于在个体和私营等非公有制经济组织中加强党的建设工作的意见（试行）》，这是党的历史上第一个关于非公有制企业党建工作（即在符合相关条件的非公有制企业中建立党组织，并发挥相应作用。以下简称“非公党建”）的规范性文件，将非公党建正式纳入了党建工作总体框架。党的十六大以来，非公党建开始正式成为我国基层党建的新领域，从初生到成长，由点到面，逐渐转入快速发展阶段。但严格说来，距离达到党中央“两个覆盖”和“两个作用”的要求，①尚有一定差距。党的二十大已明确强调党的领导是实现中国式现代化的最本质特征，在以扩大内需和构建国内大循环为根本依托的新发展格局中，非公经济已经成为我国国民经济的重要组成部分，成为坚持和加强党的全面领导不可或缺的领域。由此，加强非公党建工作不仅是我们党奋进新时代新征程的题中应有之义，而且已愈显紧迫。

诚然，非公党建的确是一个无论从理论还是实践均存在较大争议和落实困境的特殊领域。因为其在本质上就是一个正确处理权力与资本关系的问题——这原本便是一个世界性难题，而一旦置于经典马克思主义理论的场景中，社会主义与资本主义作为两种相互对立的社会制度形态，借用吴敬琏教授的话说，把市场与社会主义放在一起，则更显悖理。②当然，经典作家们对现实世界的复杂性其实也早有预见。马克思、恩格斯在《共产党宣言》1872年德文版序言里就明确指出：“这些原理的实际运用，正如《宣言》中所说的，随时随地都要以当时的历史条件为转移”，马克思进而在

① “两个覆盖”是指党的组织覆盖和工作覆盖，正式提出于2012年5月中共中央办公厅发布的《关于加强和改进非公有制企业党的建设工作的意见（试行）》（中办发〔2012〕11号），其中明确要求在非公有制企业“努力推进党的组织和工作覆盖”。“两个作用”也在该份文件中得到明确表述：“非公有制企业党组织是党在企业中的战斗堡垒，在企业职工群众中发挥政治核心作用，在企业发展中发挥政治引领作用。”

② 吴敬琏：《中国经济改革进程》，北京：中国大百科全书出版社，2018年，第35页。

1859年《〈政治经济学批判〉序言》中揭示了振聋发聩的“两个决不会”，即“无论哪一个社会形态，在它所能容纳的全部生产力发挥出来以前，是决不会灭亡的；而新的更高的生产关系，在它存在的物质条件在旧社会的胎胞里成熟以前，是决不会出现的”。[①]每个时代的共产党人都有其具体的历史任务与现实课题。这就是历史的辩证法，实践是开放的。一个国家所处的客观历史进程决定了其所面临的实际问题。以中国文明之悠久、国情之独特，近代以降又被不自觉地卷入持续不断的全球霸权的争战之中，可以说是“被硬拽入了一个由民族—国家构成的国际秩序之中，从‘天下’的顶峰跌入‘万国’的深谷”，[②]一度备受煎熬和屈辱，所有这一切，决定了中国必然呈现出与欧美大多数国家发展脉络迥然不同的现代化建设逻辑，也不会完全趋同于马克思主义经典作家曾经设想的具体路径。中国共产党处理与非公有制经济[③]辩证关系的跌宕历程，正是其中具有较强阐释力的重要分析维度。[④]

然而，这样一场“史无前例”、于本世纪初叶以来全面推进的我国非公党建实践，对今天相当程度上仍执拗于某种根深蒂固理论“傲慢”的西方学术界来说，是其既有理论框架或方法难以解释，因而有意无意无视或拒斥的现实“迷思”，堪比又一个费解的“斯芬克斯之谜”。郑永年等在其新著中对此也给出了相应的阶段性观察，认为：“作为世界上第二大经济体，

① 《马克思恩格斯选集》（第二卷），北京：人民出版社，1995年，第33页。

② 景跃进：《中国政治学理论建构的若干议题——田野基础、历史脉络与创新维度》，《华中师范大学学报（人文社会科学版）》，2021年第4期。

③ 在我国新民主主义革命时期以及新中国成立后的计划经济时期，对“非公有制经济”及其人士主要以“私营经济”和“民族资产阶级”相称；改革开放以后，基于特殊的历史和意识形态因素，称谓表述愈显繁杂，较常用的有：非公有制经济、私营经济、私营企业、民营企业、新经济组织等，而对其经营者的称谓，又有非公有制经济人士、私营企业主、民营企业家等不同说法。鉴于中共十八大以来直至二十大报告在谈到必须坚持和完善我国社会主义基本经济制度和分配制度时的正式表述均为：“毫不动摇鼓励、支持、引导非公有制经济发展”，而在谈到激发和保护企业家精神时，使用的又是“支持民营企业发展”，由此，本文主要采用“非公有制经济”及“非公有制经济人士”的表述，同时也交叉使用民营经济、私营企业和民营企业家、私营企业主等表述，诸称谓间不作刻意区分，尤其在引用相关文献时，完全尊重原著者的具体表述。

④ 详见董明：《“异类”·“同盟”·“自己人”：从政策话语迭代领悟百年大党的政党品质》，《观察与思考》，2021年第10期。

中国正在全球范围内发挥越来越大的影响力。然而，中国的政治经济体制仍然是一个谜。中国是市场经济体吗？资本主义在中国的语境下意味着什么？……或许，最重要的问题是，中国的国家与市场之间的关系是什么？它是如何形成的？”经过四十年的改革开放，“中国并没有成为许多人所期望的那种国家；相反，它已经演化成了一种不为世界所知的不寻常的事物”。①

但诚如黑格尔的名言：存在即合理！理论是灰色的，而实践之树常青。迄今，我国非公党建实践及其总体成效正愈加显现乃是基本事实，以至“党建也是生产力”正成为越来越多非公有制企业的基本“共识”。②党的二十大报告则进一步明确重申：“严密的组织体系是党的优势所在，力量所在”，要“加强非公有制企业党建工作”，“把基层党组织建设成为有效实现党的领导的坚强战斗堡垒”。③在此情势下，一个相对更客观理性从而真正负责的学术立场只能是：通过“削”理论之“足”去“适”实践之“履”，而不是相反。这就需要我们首先对客观事实抱持必要的敬畏，同时，更需相应调适我们的研究视角和具体的理论工具。正像钱穆先生在其《中国历代政治得失》前言中所说，“制度是一种随时地而适应的，不能推之四海而皆准，正如其不能行之百世而无弊”。在全书末尾，他更语重心长地道出一句值得品读的隽语：“历史终是客观事实，历史没有不对的，不对的是在我们不注重历史，不把历史作参考。”④这一立场在郑永年等的新近力作《制内市场：中国国家主导型政治经济学》一书中，同样出现了相若的呼应：“我们认为，要解释中国，必须基于由中国自身的经验提炼出来的科学概念和

① 郑永年、黄彦杰：《制内市场：中国国家主导型政治经济学》，邱道隆译，杭州：浙江人民出版社，2021年，第2、378页。

② 何轩、马骏：《党建也是生产力——民营企业党组织建设的机制与效果研究》，《社会学研究》，2018年第3期。

③ 习近平：《高举中国特色社会主义伟大旗帜 为全面建设社会主义现代化国家而团结奋斗——在中国共产党第二十次全国代表大会上的报告》，新华社，2022年10月25日电。

④ 钱穆：《中国历代政治得失》，北京：生活·读书·新知三联书店，2012年，第4、181页。

理论，就像西方学者基于西方经验提出他们的概念和理论那样。”①

是故，本文将聚焦我国非公党建何以可能及其作用有效发挥的内在逻辑机理这一核心议题，同时借用被誉为“制度分析的典范型学者”、知名美国华裔学者周雪光②基于中国特定历史发展线索首创的一对重要关系新概念——“名与实”关系，以此作为本文主要概念和问题意识，从分析框架层面展开先期讨论。周雪光所指的“名”与“实”，其中隐含着帝国在正式与非正式过程间的转化机制，他进而得出了“名与实之间的若即若离和互为转换成为中国国家治理的常态过程”这一基本判断。③把这对概念引用至本题的讨论范畴，指涉的主要是非公党建在当下实践中的两种基本状态：其一，不少非公有制企业虽然建立了党组织，即按相关部门要求较为“配合地”建立了相应组织架构，但其实效却往往有“名”而无“实”，即不同程度地处于有组织而并无组织力的实际境况，这种状况相对比较普遍；其二，也已有少部分非公有制企业，对非公党建极为重视，已经不同程度地将党建工作“融合”进了企业业务的发展，甚至将党建视为企业发展的“核心引擎”，要“像搞研发一样抓党建”，④既有“名”也求“实”。那么，这种多元斑驳的复杂状况何以发生？怎样使迄今尚未实至名归的非公企业党建真正“建而有用”？同时洞察已经不同程度把党建“内化”进实际发展的非公企业，其底层逻辑是什么？可否实现有效的组织扩散？对于非公党建这个我国基层党建新兴领域的新“物种”，现有研究已经做了哪些方面探讨？其贡献和不足在哪里？立基当下执政党愈益重视并从整体上部署加强非公党建工作这一客观政策供给背景，更可取的研究方法论框架可能是什么？

本文接下来试着就以上疑问，基于现有的研究非公党建学术文献的大

① 郑永年、黄彦杰：《制内市场：中国国家主导型政治经济学》，第1页。

② 在此借用了周飞舟教授在其论文中的说法，详见周飞舟：《政府行为与中国社会发展——社会学的研究发现及范式演变》，《中国社会科学》，2019年第3期。

③ 周雪光：《从“黄宗羲定律”到帝国的逻辑：中国国家治理逻辑的历史线索》，《开放时代》，2014年第4期。

④ 何轩、马骏：《党建也是生产力——民营企业党组织建设的机制与效果研究》，《社会学研究》，2018年第3期。

致梳理，主要从方法论层面进行初步的探讨。毕竟，不同的方法直接规制着能看到怎样的客观事实，从而决定着能够寻求到怎样的答案。

二、非公党建研究文献梳理及简要评述

如前述，迄今我国的非公党建实践之于国外学者，仍基本属于难以归入其任何理论体系的“斯芬克斯之谜”，以至于他们不无绝望地不得不以一种颇具张力的句式暂时“安顿”其理解上的惶惑，即“实践上可行，但理论上不可行”。当然，对于私营企业需要通过建立政治关联以获取政府的支持或保护的关注，国外其实早有相当丰裕的研究，即政治与经济的互动勾连。这原本就是西方国家自身最惯常的现代政治社会生态，只是改革开放以来在中国所呈现出来的具体样貌的确大异其趣，所以吸引了为数甚多的国外学者着眼政府与市场的关系特质，基于引入了市场机制后中国场域里的两者关系，从双方互动特质的角度，提出了一些较有代表性的观点，如以戴慕珍（Jean C. Oi，1992）为主要代表提出的“地方法团主义”，白威廉和麦谊生（William L. Parish & Ethan Michelson，1996）提出的“政治市场”观点，大卫·文克（David L. Wank）提出的私营企业与政治权力两者间的“共存庇护主义”（Clientialism），麦科斯·玻伊索特和约翰·柴尔德（Max Boisot & John Child，1996）提出的“关系网资本主义”等等。[①]综观之，政企间的关联是确切的，但具体互动方式各异，相同的则是基本处于“非制度化生存”状态，[②]即行动者双方均有不同程度的自主性，而介于正式的运作方式与非正式的运作方式之间准正式的行为，导致其实际成效不可避免带有某种不确定性。

非公企业党组织建设工作则完全不同。首先它肇始于执政党基于自

① 以上国外相关文献梳理详见董明：《私营企业主阶层与地方政府关系评析——从学者的讨论到问题的提出》，《宁波党校学报》，2006年第4期。

② “非制度化生存”是孙立平教授较早提出的颇具解释力的概念，详见孙立平：《对市场转型实践过程的分析》，载周晓虹主编：《中国社会与中国研究》，北京：社会科学文献出版社，2004年，第105页。

身理性选择的强自主制度创新，是推进此项工作的第一行动主体，是原动力所在，因此，它一改上述非制度化生存状态下个体层面的各种政治关联，而转换为组织层面强力推进的机制化政治联结。也正是这种在西方传统理论及观念里极难调和的政企关联方式，使得迄今国外学者专门就我国非公党建进行研究的有价值文献基本阙如，所以，本文这方面述评也暂且缺省。

相较而言，在国内，非公党建在理论与实践层面均属于新生事物，是一个正在快速发展，同时也存在各种现实困惑与挑战的新领域，因而吸引了善于捕捉发展新动态的学者的研究旨趣，并开展相应研究。下面主要就国内研究概况及其主要观点等两个方面进行大致阐述。

（一）非公党组织建设工作历程及相关研究概况

2001年7月1日，时任中共中央总书记江泽民同志发表了庆祝中国共产党成立八十周年的重要讲话，首次提出了“非公有制经济人士也是有中国特色社会主义的建设者”的重要判断。2002年党的十六大正式将此判断写入报告，这可谓继1997年党的十五大正式确立非公有制经济是社会主义市场经济重要组成部分的“经济正名”之后，更具开创性的“政治正名”。至此，可以说，我国非公经济及其人士与我国国家制度层面的关系处理基本完成，相应地，在非公企业开展党组织建设工作也就此顺理成章地逐渐开启。

从2002年党的十六大起，党章中就已规定了非公企业党组织的六项基本职责：贯彻党的方针政策；引导和监督企业遵守国家的法律法规；领导工会、共青团等群众组织；团结凝聚职工群众；维护各方的合法权益；促进企业健康发展。在总结十多年工作经验的基础上，2012年3月党中央召开第一次“全国非公有制企业党的建设工作会议”，习近平同志在会上发表讲话，要求以更大工作力度抓好非公党建工作，并提出“加强和改进非公有制企业党建工作，抓好‘两个覆盖’、发挥好党组织‘两个作用’、加强‘两支队伍’建设很重要”。随后，2012年5月中共中央办公厅发布了《关于加强和改进非公有制企业党的建设工作的意见（试行）》，对非公党建工作做出了系统部署，明确了非公企业党组织的功能定位，指出要发挥好"两个作用"，即"在企业职工群众中发挥政治核心作用，在企业发展中发挥政治引领作用"，[①]这成为指导此后非公党建工作的权威文本。之后虽有所变动，但整体变化并不大。2018年10月，中共中央印发《中国共产党支部工作条例（试行）》，在明确非公企业党组织基本职责基础上，进一步强调非公企业党组织的主要任务是"引导和监督企业遵守国家的法律法规，领导工会、共青团等群团组织，团结凝聚职工群众，维护各方的合法权益，促进企业健康发展"。[②]党的十九大和二十大修改通过的党章均延续了这一职责定位。

正是有了上述党中央明确的政策指引与工作规范，全国范围的非公党建实践主要以自上而下的方式全面推开，各地的实践因此既有共性，同时也难免会有基于各地非公经济发展不同状况形成的具体特点。一场全新的涵括了各地党委政府、民营企业家、企业党务工作者、企业党员及普通员工等众多各异主体的非公党建实践就此拉开了帷幕。作为相对客观理性的第三方，学者们对此开展了力所能及的相应观察与学术研究。

一方面，研究主要起始于2000年该项工作开始实践破局后，但相较其他学科研究状况，不能不说该领域的研究总体处于"不温不火"的状态。笔者在中国知网进行相关文献检索，时间范围为2000年1月1日—2022年10月22日，以"非公企业+党建"为关键词检索的文献数量，总计只有91条；以"私营企业+党建"为关键词的检索，则仅为13条（且这类文献发表时间多在2005年之前）；而与之形成强烈对比的是，关于其他领域党建的相关研究早已汗牛充栋，堪称一片"红海"。再检索"国家社科基金项目数据库"，分别以"非公企业""非公党建""民企党建""民营企业""私营企业""企业党建""党建""政治关联"等为搜索关键词，依次在马列·科社、党史·党建、政治学、社会学、管理学等相关学科类别进行全面检索，2000年以来

① 中共中央办公厅：《关于加强和改进非公有制企业党的建设工作的意见》，《人民日报》，2012年5月25日。

② 《中国共产党支部工作条例（试行）》，北京：党建读物出版社，2018年，第15页。

的立项课题总数也不超过30项，研究议题则始终围绕着三类基本问题展开：非公党建难题及其破解、政治参与及政治整合问题、提升非公党建质量的体制机制问题。如，2022年度立项的相关课题只有1项，是党史党建类的一般项目《“小个专”党建的现实困境与优化路径研究》。如果说非公党建是基层党建的“短板”，①那么，这个领域的学术研究也可谓党建研究的一块“短板”。

另一方面，对非公党建工作推进的发展阶段，现研究已有较清晰共识，②学者们对下面的非公党建发展阶段分期基本没有异议，即1978—1991年为“萌芽期”，1992—2000年为“初步发展期”，2001—2011年为“成长期”，2012年开始至今为“全覆盖期”。这至少说明：这项工作在全国范围推开的进度与力度比较一致，也由此反映了主要由各地组织部门作为主推手的基本行动逻辑。其间，已有一些代表性著作进行了初步总结，如胡林辉《私营企业党的建设理论与实践》③、王河《中国非公有制企业党建工作》④、中组部组织二局《非公企业党建新起点》⑤、冯波等《非公企业党建研究》⑥。这些探讨显然不无值得充分肯定的开创性意义，但毕竟实践展开时间有限，其研究难免较为初步，形成更完整系统理论的时机尚未成熟。

---

① 肖剑忠、张靖初：《规模以下非公企业党建的内在动力机制探析》，《中共杭州市委党校学报》，2022年第4期。

② 章高荣：《组织同构与治理嵌入：党建何以促进私营企业发展——以D市J科技园企业党建为例》，《经济社会体制比较》，2019年第6期；肖剑忠：《非公有制企业党建：逻辑、经验和前瞻——以杭州为个案》，《中共杭州市委党校学报》，2018年第4期；付佳迪、邱观建：《融合与超越：非公有制企业党的建设中的文化自信》，《学校党建与思想教育》，2017年第1期；丁俊萍、甘久翔：《改革开放以来我国非公有制经济组织党建工作的历史考察及其经验总结》，《社会主义研究》，2010年第1期；邵建光：《改革开放以来非公企业党建的发展历程和创新实践》，《探索》，2008年第6期。

③ 胡林辉：《私营企业党的建设理论与实践》，北京：人民出版社，2002年。

④ 王河主编：《中国非公有制企业党建工作》，上海：上海人民出版社，2003年。

⑤ 中组部组织二局编著：《非公企业党建新起点》，南京：江苏人民出版社，2012年。

⑥ 冯波、高慧燃主编：《非公企业党建研究》，北京：中国传媒大学出版社，2012年。

（二）相关主要学术观点及简要评述

相比以上较早期的著作，学术论文对现实的跟踪更为贴近，讨论也因此更深入和灵动些，主要关注的议题及观点大致分以下几个方面予以归纳：

1.非公党建的功能定位与作用。对于一项开创性工作，功能定位问题的解决直接决定着工作最终顺利推开的实际程度。这也是2000年以来学界首先有较大讨论和争议的问题，主要围绕的就是党组织是在"企业中"发挥政治核心作用，还是在"企业职工中"发挥政治核心作用？这是非公企业党组织功能定位的两种最主要意见分歧。[①]但随着党中央"两个作用"政策定位的明晰，讨论主要转移到如何有效落实的问题，毕竟，有别于国企等体制内单位党组织的定位乃是一种"制度性安排"，非公企业党组织在企业中的地位却主要是一个通过自己工作不断争取的动态目标，即"有作为才能有地位"。"党组织在非公有制企业的地位问题，实际上是党组织同企业、企业主、职工群众的关系问题。"[②]尤其随着非公经济在我国经济总量中权重的持续提升，学者们关注的重心转向了更具互动性的关联思考路径。杨学忠认为，对新经济组织中党组织的定位，要跳出"核心"之争、地位之争的桎梏，以党组织的"有为"实现在新经济组织的"有位"[③]。何轩、马骏的文章明确提出了一个颇具吸睛力的判断："党建也是生产力"，认为民企党组织架设了民企和执政党互动的桥梁，实际上形成了一种新型政企互动关系，建立了一种互惠性和情感性的"关系"纽带，使相互间更多表现为一种基于政治信任的共生演化关系[④]。但郭为桂认为，非公党建作为一种新型基层党组织，是因应改革以来体制层面局部"去组织化"所致的基层组织力下

① 王河主编：《中国非公有制企业党建工作》，第20页。

② 王河主编：《中国非公有制企业党建工作》，第21—22页。

③ 杨学忠：《探索非公企业党建工作新路子》，《党建研究》，2010年第4期。

④ 何轩、马骏：《党建也是生产力——民营企业党组织建设的机制与效果研究》，《社会学研究》，2018年第3期；何轩、马骏：《执政党对私营企业的统合策略及其效应分析：基于中国私营企业调查数据的实证研究》，《社会》，2016年第5期。

降而采取的“再组织化”努力，迄今这一努力已为非公党建谋取了结构化身份—功能，但非公党组织的组织力提升仍面临不确定性，其结构性规范与现实行动之间的落差不可能完全弥合[①]。

2.非公企业党组织的组建策略。从执政党角度来说，非公党建的“理想”固然丰满，但实际发展业已表明，真正落地的“现实”不无骨感，学者们就如何才能有效组建问题给予了较多关注与讨论。易戈平认为，针对非公党建特点，应采取有别于传统方式的新思路，即“组建方式的区域化、功能定位的社会化、组织活动的合作化”等“三化”路径[②]。高红波、邱观建[③]认为，非公党建主要目的在于对非公经济领域的渗透与控制，这既有合理性又有合法性，通过“支部进企”的层层策略推进，包括政治动员、单位再造以及典型生产等路径，便能从点到面、从外到内逐步完成党对非公经济领域的整合与控制。王婷认为，党建与非公企业之间有着共时性的制度互补关系，是非公党建的本质特征和嵌入依据，这一互补性的生成受到多层次制度嵌入性的影响，包括宏观体制性嵌入、微观制度嵌入和非正式规范嵌入等[④]。肖剑忠梳理了三种影响和支配非公党建发展的基本逻辑，即政治参与逻辑实现非公企业党员有正常组织生活，执政逻辑实现党在非公企业的组织覆盖与工作覆盖，发展逻辑则实现党建强与发展强[⑤]。梁特光认为，党的十八大以来，非公党建已经从注重组织覆盖向组织覆盖和工作覆盖并重转变，从一般性要求逐步向规范化制度建设转变，从组织部门推动向各方合力推进转变。在内部动力激发方面，应鼓励基层点亮“星星之火”，及时总结“可以燎原”的经验，真正使党建工作成为非公企业发展的“红色

① 郭为桂：《在结构与行动之间：非公有制经济领域党的组织力成长略考》，《长白学刊》，2019年第1期。

② 易戈平：《提高非公有制企业党建工作的科学化水平》，《中共福建省委党校学报》，2009年第11期。

③ 高红波、邱观建：《“支部进企”的政治逻辑》，《社会主义研究》，2011年第5期。

④ 王婷：《非公有制企业党建：一种互补性的制度建构》，《攀登（哲学社会科学版）》，2011年第4期。

⑤ 肖剑忠：《非公有制企业党建：逻辑、经验和前瞻——以杭州为个案》，《中共杭州市委党校学报》，2018年第4期。

动力”[①]。王懂棋、范雅康提出，立足党建工作与非公企业互动影响的历史逻辑、理论逻辑和实践逻辑，应建立以政党为中心的分析视角，着重从制度、组织、人才和文化四个维度，走出一条非公党建从嵌入到融合的新路，实现企业与党组织间关系由“依附性”的浅层嵌入向“内涵式”深度融合转变，并做到分类施策[②]。

3.非公党建工作的体制机制及其问题。学者们较普遍认为，现实中非公党建工作的体制机制尚未真正理顺，阻碍着非公党建工作实效的发挥。王世谊、方世南认为，非公企业党建作用发挥存在的一大难题就是缺乏有力的制度设计和制度支撑，党组织不在新经济组织的权力制度框架之中，其作用发挥受到制约[③]。邱观建、文道贵也讨论了非公党建工作的体制机制问题，提出要从党的组织设置、有效运转、作用发挥、保障条件等党建工作运行所涉及的各方面，建立一套更科学合理的运行机制，整合资源发挥合力效应，让外因通过内因起作用[④]。常胜则从合法性视角，探究了非公党建尚需面对的三方面挑战：来自利益的矛盾给党的政策合法性造成的挑战，非主流意识形态对党的思想政治工作的合法性造成的挑战，党自身执政过程中存在问题给党组织合法性造成的挑战[⑤]。何轩、马骏认为，执政党通过自下而上的政治吸纳型和自上而下的组织嵌入型路径，在一定程度上实现了对私营企业的分类控制，进而形成一种共谋共生的过程[⑥]。朱斌等提出了私营企业党组织建设有赖于控制逻辑和合法化逻辑共同作用结果的

① 梁特光：《论非公有制企业党组织如何发挥实质作用》，《中共四川省委党校学报》，2019年第1期。

② 王懂棋、范雅康：《从嵌入到融合：政党中心视角下的非公党建》，《毛泽东思想研究》，2020年第4期。

③ 王世谊、方世南：《苏南发达地区非公有制经济组织党建运行机制研究》，《苏州大学学报（哲学社会科学版）》，2010年第6期。

④ 邱观建、文道贵：《论非公有制经济组织党的建设工作的体制机制创新》，《武汉理工大学学报（社会科学版）》，2011年第6期。

⑤ 常胜：《非公企业党建合法性探究》，《理论月刊》，2013年第9期。

⑥ 何轩、马骏：《执政党对私营企业的统合策略及其效应分析：基于中国私营企业调查数据的实证研究》，《社会》，2016年第5期。

基本结论[①]。肖剑忠、张靖初直面包括企业主和基层组工干部在内面临的一个普遍困惑，即非公企业党建工作的内在动力究竟在哪？鉴于对经济效益的追求是非公企业党建的主要内在动力，作者提出了建立以党的指导思想为引领、以企业党员先锋模范作用发挥、以企业党组织的组织力促进、以政府和国企项目招标影响等途径，为真正实现党建强、发展强的目标提供中观机制支撑。当然，作者也坦陈这一动力机制仍受到一些现实因素的制约[②]。

4.非公党建研究视角的嬗变。已有学者初步总结，当前非公党建研究主要聚焦于价值阐释、模式探讨和对策研究等，[③]仍不同程度地存在“炒冷饭”式重复研究、理论与现实脱节、研究视角单一等不足。[④]但近年来一个初露端倪的可喜趋势是，研究中开始注重借鉴管理学、社会学等更多学科视角，使研究的议题及方法朝向见物更见“人”、重外因亦重“内因”等更贴近真实的向度拓展。例如，王婷用新制度学派的研究视角讨论了非公党建制度互补性生成受到多层次制度嵌入性的影响[⑤]。张金亮直接将非公党建研究置于利益相关者理论视阈下，借此分析并探索党组织在非公企业获取支持、发挥作用的理念与路径[⑥]。梁特光引用了哈佛大学马克·莫尔教授的“三圈理论”，即制定公共政策或实施一项战略计划时必须考虑“价值、能力、支持三个因素的相互统一”，将其运用到对非公党建如何发挥实质作用

① 朱斌、苗大雷、王修晓：《控制与合法化——中国私营企业建立党组织的机制分析》，《社会学研究》，2021年第3期。

② 肖剑忠、张靖初：《规模以下非公企业党建的内在动力机制探析》，《中共杭州市委党校学报》，2022年第4期。

③ 付佳迪、邱观建：《从组织覆盖到工作覆盖：非公党建的制度变迁》，《江汉论坛》，2017年第2期。

④ 常胜、闫婉荣、杜涛：《近年来非公企业党的建设研究综述》，《观察与思考》，2013年第11期。

⑤ 王婷：《非公有制企业党建：一种互补性的制度建构》，《攀登（哲学社会科学版）》，2011年第4期。

⑥ 张金亮：《利益相关者理论视阈下的非公企业党建研究——一种理论研究路径的分析与评价》，《上海党史与党建》，2012年4月号。

的讨论中[1]。郭为桂用结构与行动的组织理论，略考了非公有制经济领域党的组织力成长的问题[2]。

通过以上概览式梳理，不难发现，总体上国内学者对非公党建的研究保持了持续且稳定的旨趣及相应成果的产出。尽管成果数量不算特别丰盈，但他们对非公党建的独特价值、作用发挥、实际难度、组建策略以及对策指引等多方面，已做出了不无启发价值的阶段性理论贡献。当然，既有研究的确在总体上还停留在或者局限于对非公党建这一实践予以较客观“描述”的阶段，即，虽然研究视角有所拓展，对它剖析的维度也趋于精细化，但主要还只是对非公党建作为一个相对独立的“事实体”进行尽可能多角度的现象学意义上的阐释，而对“何以如此”的整体形成机理的关注还有限，即便有所涉及，分析主体也更多着眼于非公企业内部这一相对狭窄的范畴，尚不足以真正揭示或者还原整个事件尽可能“全息”的实际样貌。

不可否认，相较极具理论张力且有现实复杂性、成长性和地区异质性等诸多特质的非公党建实践，理论研究的“追随”原本就非易事。只是在“党建引领”已成为我国根本制度安排的当下，“统筹”被视为理解中国治理的关键词，[3]学术界也已开始不断发出“把党带回来”的学术呼吁，[4]在此背景下如何更深入全面地研究非公党建，已成为时下推进中国式现代化建设绕不过去的重要领域，而这也恰恰是充分展示中国经验与中国贡献尤其具有开放性和想象力的不可多得的重要场域。在这里，还可望将中国政治经济运行的独特逻辑予以经验的必要“概念化”。当然，取得这一可能贡献的必要前提条件是研究视角的进一步放大：不仅应首先跳出西方式政治经

① 梁特光：《论非公有制企业党组织如何发挥实质作用》，《中共四川省委党校学报》，2019年第1期。

② 郭为桂：《在结构与行动之间：非公有制经济领域党的组织力成长略考》，《长白学刊》，2019年第1期。

③ 何艳玲、汪广龙：《统筹的逻辑：中国兼顾发展和安全的实践分析》，《治理研究》，2022年第2期。

④ 贺东航、高佳红：《政治势能：党的全面领导提升社会治理效能的一个分析框架》，《治理研究》，2021年第5期。

济发展理论的囿制，将西方概念及体系“亚类型”化，还其西方话语以“特殊之真身”，[①]同时，携此相对更超越也更客观的姿态，坚定地返回中国现场，探究其真正深厚坚韧的实践逻辑。

三、党建“生态化”：一个新的分析框架

自20世纪90年代以降，尤其进入21世纪，人类全球化进程进入了新的发展阶段，互联网和IT等引领的数字产业已全方位地深度嵌入人们的工作和生活日常，“地球村”已经不再是一个遥远的“想象共同体”。因此，20世纪90年代以来，生物学中的“共生”思想逐渐向管理学等社会科学领域渗透融合，运用共生思想分析和阐释技术创新，进而透视更为复杂的社会系统问题，正成为一个前沿的课题和研究方向。[②]这一思想关注某种以知识和技术的关联为基础，以地理靠近为特征，由相互作用、相互依存的创新组织有机构成的“生命体”，而“共生”正是其基本行为特征。这个“生命体”是一个复杂的系统工程，其主体多元性、路径多样性决定了创新实践的复杂性和理论研究视野的多维性。

就社会科学来说，其实早在19世纪，英国社会学家斯宾塞就正式提出了强调人类社会和国家等同于生物有机体的社会理论，[③]该理论流行于19世纪下半叶的西方资本主义各国。斯宾塞从生物进化的基本原则出发，将其扩展到社会领域，认为社会在本质上如同生物一样是个有机体，并由此建立了自己的社会学体系。随着现实世界互联互通的持续加强，这一思想的启发性及其学术魅力一定程度上得以进一步释放。

国外学者对创新生态系统的研究可追溯到熊彼特（Schumpeter）的创新理论以及弗里曼（Freeman）的“国家创新系统”，隆·迪佛（Ron Dvir）

---

① 景跃进：《民主理论的发展：超越与重构》，《政治学研究》，2022年第1期。

② 沈能、彭慧、王东旭：《产业创新生态系统演化机理与政策路径》，北京：中国社会科学出版社，2020年，第6页。

③ 斯宾塞：《基本原理》，上海：上海译文出版社，2021年。

通过在创新理论的基础上引入生态学理念，创立了“创新生态学”这一学科。随后，美国克林顿政府正式提出“生态系统”一词，美国总统科技顾问委员会于2003年正式提出了“创新生态系统”的概念，强调美国的经济繁荣得益于一个精心编制的创新生态系统。至此，创新生态系统的研究开始日渐丰富。①

围绕企业和产业创新生态系统的相关研究文献已经较为丰富。美国达特茅斯学院教授安德尔（Ander）从商业解决方案的角度研究产业创新生态系统演化，认为产业创新生态系统是核心创新企业与上下游企业，结合各自的优势密切合作，将产业的多个相关创新成果整合成一套协调一致、面向用户的解决方案。Xiaoren Z.等结合生态环境的变化，指出如何处理开放式创新成为一个新的商业问题，以商业生态系统为研究对象，通过对开放式创新进行风险分析，把创新过程嵌入商业生态系统中，得出开放式创新必须身处商业创新生态系统中，二者彼此是相互促进、互动发展的关系的结论。②

国内学者也有相关研究。曹如中等认为产业创新生态系统中分别存在横向和纵向两种形式的生态链，两条生态链相互作用，共同维护生态系统平衡，并且生态链中的各主体通过物质及能量的流动和转化来实现系统的演化③。刘沙等认为产业创新生态系统存在三种转换范式，分别为：从线性到网络，从离散式到集成式，从封闭式到开放式，同时还认为技术—经济范式变革是产业创新生态系统得以产生的物质基础和根本动因④。罗国锋和林笑宜把创新生态系统同自然生态系统相比较，提出创新生态系统同样存在遗传、变异、衍生和选择四种演化机制，政府、企业、用户以及其他利

① 转引自沈能、彭慧、王东旭：《产业创新生态系统演化机理与政策路径》，第6页。

② 转引自沈能、彭慧、王东旭：《产业创新生态系统演化机理与政策路径》，第10页。

③ 曹如中、高长春、曹桂红：《创意产业创新生态系统演化机理研究》，《科技进步与对策》，2010年第21期。

④ 刘沙、连建新、毛文瑾：《我国产业创新生态系统构建研究》，《商业经济研究》，2015年第16期。

益相关者在各个演化过程中提供了强有力的动力支持①。

对一个系统发挥作用来说，认识到系统的存在是前提，而了解其底层运行机制更有必要，国内学者在这方面也提出了不少启发性的观点。张贵、贾尚键等认为产业创新生态系统内部包含多种机制，如系统共生机制、耦合机制、演进机制、治理机制、风险识别机制和定价机制等，而其中又以系统共生机制最为重要，对产业创新生态系统的整体发展产生重大影响②。孙源认为，共生理论下的产业创新生态系统之所以能形成以可持续创新为基础的共生关系，离不开环境因子的作用以及与共生模式的结合。同时，共生单元之间要追求高效运作就必须遵循特定的生态运作机制，创建适宜的共生模式，进一步优化共生单元，营造有利于创新的共生环境，制定产业创新生态系统协同创新发展政策③。

以上把经济社会系统视为一个相互有机关联的生态系统进行分析的新分析视角及相关具体研究观点，所传递的一个共同认知原色是：人类社会原本就是地球生态系统的其中一个有机系统，它不仅与大自然从来就有着紧密互动关联，而且社会系统内部的各要素之间更是相互依存、彼此得益、形态上乃至生理上均形成基于一定分工的特殊共生体。分析和衡量一个系统是否成熟，单因素论已显得极为偏狭可笑，必须转向考察系统内各组成部分之间保持相宜的比例关系，从而使得信息、能量、物质等的输入与输出在较长时间内趋于均衡，结构和功能处于相对稳定的状态。当然，这是一种动态平衡……从而表明该系统具有自我调节和维持平衡状态的能力。④

这样的“共生”系统理论思维，给了本研究以莫大启迪。在现今我国，

① 罗国锋、林笑宜：《创新生态系统的演化及其动力机制》，《学术交流》，2015年第8期。

② 张贵、贾尚键、苏艳霞：《生态系统视角下京津冀产业转移对接研究》，《中共天津市委党校学报》，2014年第4期。

③ 孙源：《共生视角下产业创新生态系统研究》，《河南师范大学学报（哲学社会科学版）》，2017年第1期。

④ 夏征农、陈至立主编：《大辞海·环境科学卷》，上海：上海辞书出版社，2015年，第212、216页。

东西南北中，党是领导一切的，党的领导和党的建设已经是一项深度嵌入中国式现代化事业全局的总体性系统工程。2021年国家“十四五”规划正式提出了“系统治理”的明确要求，党的二十大报告更把“必须坚持系统观念”作为当代中国共产党人不断谱写马克思主义中国化时代化新篇章必须坚持好、运用好的立场观点方法之一，报告指出：“万事万物是相互联系、相互依存的。只有用普遍联系的、全面系统的、发展变化的观点观察事物，才能把握事物发展规律”，从而“为前瞻性思考、全局性谋划、整体性推进党和国家各项事业提供科学思想方法”。[①]通过党建工作连接我国各个层面各项具体事业，其发展才能保持总方向一致，形成合力而不是相互掣肘。我国社会主义现代化事业越发展，这种格局亦将越深化。

在这样的总体背景和要求下，深入探究党建工作有机嵌入乃至融合进我国各领域各机构的内在机理及其一般规律，无疑已显得极其重要且紧迫。具体到非公党建工作，早在2013年6月召开的全国组织工作会议上，习近平总书记在谈到基层党建时，就已特别指出：“一些非公有制经济组织和社会组织党建工作还比较薄弱”，但“越是情况复杂、基础薄弱的地方，越要健全党的组织、做好党的工作，确保全覆盖，固本强基，防止‘木桶效应’”，[②]其中已经内蕴了较清晰的党建统领的系统性思维方法论。

有鉴于此，本研究拟借鉴共生理论，提出党建“生态化”的新分析视角，将对非公党建的讨论尽量“还原”到非公企业所置身的执政党统筹方方面面的我国社会系统的互动关联之中，揭示非公党建何以必要又何以可能的内在运行机制，解析其基本生态条件构成，并以实证调研的典型案例为具体剖析对象，以解剖麻雀般的精细“刻刀”，就其中内在运行机理进行更深入全面的揭示，以期从中提炼出更具一般意义的非公党建创新生态系统共生路径。在此基础上，以党的二十大擘画的中国式现代化道路的独特内涵为遵循，为更好推进我国非公党建实现“名”与“实”的有效转换，从基本

① 习近平：《高举中国特色社会主义伟大旗帜　为全面建设社会主义现代化国家而团结奋斗——在中国共产党第二十次全国代表大会上的报告》，新华社，2022年10月25日电。

② 习近平：《在全国组织工作会议上的讲话》，《党建研究》，2013年第8期。

运行机理、条件要素、耦合机制、政策供给等维度，深入而全面地解析其中逻辑，提出可供经验推广与借鉴的一般性结论。这无论对于全面推进我国非公党建工作更好发展，还是因此从一个鲜活实践的维度揭橥出中国式现代化独特的丰富内涵，均具有可期的理论与现实意义。诚如郑永年所说："中国学者需要反思西方中心的话语，找到中国自己的真命题，并努力实现中国现象的概念化和理论化。"①

总之，基于上述论析，本文认为，党建"生态化"是一种值得尝试的新方法论拓展，有望在这个宏阔分析路径的导引下，得以触达迄今可能仍隐匿甚至被误解的独特中国经验实践逻辑，勾勒"让党建成为看得见的生产力"、建立起独具特色的"党建生产力"的话语体系，②使之成为中国式现代化提供给人类实现现代化多元路径中的一种新选择。

① 郑永年：《国家与发展：探索中国政治经济学模式》，《文化纵横》，2019年第1期。

② 课题组：《以"党建生产力工程"引领中核华兴高质量发展》，《人民政协报》，2022年10月20日第4版。

他山之石

欧洲社会民主党历史变革和发展动向探析
——兼评国内相关研究

吴韵曦
中国政法大学马克思主义学院副院长、教授

摘　要： 社会民主党作为欧洲左翼阵营的主流政党，其政坛沉浮同欧洲社情民意和政党政治的发展变化密切相关，对于理解西方政党理论和政治实践具有重要的理论价值和现实意义。国内学术界围绕社会民主党的政治理念、政策主张、社会基础、政党竞争、组织变革、政党建设等方面展开了广泛研究。历史与现实相结合、整体与个案相结合、定性与定量相结合的研究路径有助于不断丰富和深化对于国外政党及其演变规律的认识。

关键词： 社会民主党　欧洲政治　政党政治

基金项目： 本文是国家社会科学基金一般项目“当代欧洲左翼政党对资本主义的批判研究”（21BKS069）阶段性成果

社会民主党是欧洲政党政治的传统力量和左翼阵营的主流政党，备受政党研究、欧洲政治、国外社会思潮等领域学者的关注。[①]进入21世纪后，欧洲社会民主党的选举表现呈现高开低走的整体态势。尤其是2008年国际金融危机以来，欧洲受到经济危机、社会危机、难民危机的叠加影响，

---

① 社会民主党是以社会民主主义为意识形态的中左翼政党，在各国有工党、社会党、社会民主党、社会民主工党等不同名称。本文把这些政党统称为社会民主党，涉及不同国家时遵循该国政党的名称。

社会民主党的选举困境从少数国家向多数国家、从个别政党向传统大党蔓延。国内学术界围绕社会民主党的历史变革和发展动向展开了广泛讨论，为深化国外左翼研究和研判欧洲政治动向提供了生动案例和经验启示。

一、关于欧洲社会民主党的政治理念和政策主张

欧洲社会民主党拥有悠久的历史，其发展壮大的重要因素在于顺应时代脉搏、把握关键节点、推动理论创新、引领社会进步，逐渐显现颓势的重要原因也在于理论创新的方向偏差和能力下降。多元主义、改良主义和伦理主义是欧洲社会民主党的身份特征。①历史上，社会民主党的意识形态以伯恩施坦修正主义、《哥德斯堡纲领》和“第三条道路”为标志，经历了三次自由主义化。②有学者把社会民主党执政理念的演变概括为改良主义色彩下的制度替代、制度替代与价值诉求二元并重、放弃制度替代与强调价值诉求。③也有学者认为，社会民主党的执政理念经历了从20世纪前半期的政权改造者，到二战后的建设性的改革者，再到20世纪90年代后的被动适应者的变化过程。④

20世纪90年代兴起的“第三条道路”是欧洲社会民主党现代转型的典型标志。有学者认为，冷战结束后，“社会民主”（社会—主义）和“进步主义”使社会民主主义进一步树立了伦理标杆，“返祖”回归到自由主义左翼立场。⑤社会民主党存在进一步去意识形态的现象，从社会民主主义转向所谓

① 薛新国：《欧洲社会党的身份特征论析》，《天津师范大学学报（社会科学版）》，2013年第6期。

② 张世鹏：《西欧社会民主主义政党指导思想的历史演变》，济南：山东人民出版社，2014年，第5页。

③ 张有军：《西欧社会民主党执政理论与实践研究》，北京：中国社会科学出版社，2016年，第172—188页。

④ 沈丹：《欧洲社会民主党执政理念的发展变化》，《科学社会主义》，2014年第6期。

⑤ 郭海龙、徐红霞：《社会主义从科学到伦理的嬗变——大历史比较视野下社会民主主义发展趋势的演化》，《科学社会主义》，2020年第1期。

的“进步主义”，向中间派靠拢，已经转变为“进步政党”。[①]有学者形容，经过从民主社会主义到社会民主主义的战略调整之后，社会民主党彻底放弃了改造现行社会的计划而对目前西方的资本主义制度完全认同，在某种程度上已经变成了资本主义制度的保姆或按摩师。[②]在政治意识形态上，社会民主党随意性很大，没有明确目标；在具体政策上，与右翼政党趋同，很难提供一个不同于现实的理想图景。[③]

国际金融危机爆发以来，社会民主党的政治立场发生了不同程度的调整。以英国工党和德国社会民主党为代表的欧洲社会民主党成立“进步联盟”，试图脱离“去民主化”、僵化的社会党国际，针对新自由主义以消除不平等为诉求，针对保守主义以防御新权威主义为导向，通过“进步主义”再造“社会民主”，强化自身左翼标识，进而重构“民主社会”，通过民主消除权力与市场结合侵蚀社会的现象，用民主战胜资本主义。[④]在经济议题上，社会民主党主张国家与市场应该寻求新的平衡，市场经济应该为人的需要服务，正确处理虚拟经济与实体经济的关系，加强金融监管，改革国际金融体系，防止金融风险。[⑤]在社会议题上，社会民主党在政策立场总体回调的背景下，出于政治上反击新自由主义思想与政策的战略考虑，对社会公正在理念与政策上做出了一些具有时代特征的调整，更凸显了它代表广大劳动者的左翼政党形象。[⑥]不过，进步联盟成立以来，社会民主主义再次转型的价值目标及其内容缺乏新意，社会民主主义的再次转型还受其所

---

① 向文华：《社会党国际的内部分裂及其原因与评价》，《当代世界与社会主义》，2017年第1期。

② 刘玉安：《从民主社会主义到社会民主主义——苏东剧变后西欧社会民主党的战略调整》，《当代世界社会主义问题》，2008年第4期。

③ 轩传树：《从欧洲议会选举看欧洲社会党现状》，《科学社会主义》，2009年第5期。

④ 来庆立：《社会民主主义发展的新趋势——以“进步联盟”和社会党国际分裂为视角》，《当代世界社会主义问题》，2017年第4期。

⑤ 薛新国：《欧洲社会党的经济理论评析》，《科学社会主义》，2018年第3期。

⑥ 代金平、唐海军：《近期社会党的社会公正理念与政策调整探析》，《当代世界与社会主义》，2016年第6期。

处的制度体系制约，受进步联盟性质和社会民主主义发展现状影响。①

各国社会民主党的政治理念和政策主张调整呈现出多种路径及其效果。在“第三条道路”兴起的西欧地区，英国工党试图以“左转”的方式来实现政治理念和政策纲领创新，先后呈现“蓝色工党”、科尔宾主义、后新自由主义等内容形式，依然遭遇大选惨败。②选举业绩持续衰微的德国社会民主党处于十字路口，面临改革创新或者自甘沉沦的两难困境。③德国社会民主党凭借候选人的个人魅力、党内团结、宣传策略以及电视辩论等综合因素艰难赢下选举，但带有欺骗性假象的胜利仅仅为其谋得一次“喘息”的机会，而没能彻底摆脱结构性困境。④法国社会党想从失败中站起来，就需要在全球化、信息化及文化多元化背景下，寻找能够发扬社会民主主义传统并保持其左翼特征的新的替代性的政策工具。⑤

在福利国家色彩浓厚的北欧地区，社会民主党提出的既要促进经济稳定增长、减少失业率，又要维持较高社会福利的政策主张，在目前经济形势下将遭遇极大挑战。⑥丹麦社会民主党赢得大选重新执政，更多是在放弃部分传统理念、吸纳中右翼政党相关政策进而在某种程度上右转的情况下取得的，并不完全是传统左翼和北欧模式的回归，其政策主张印有全球化进程中民粹主义的烙印。⑦

① 涂用凯：《进步联盟与社会民主主义的再次转型研究》，《社会主义研究》，2022年第2期。

② 郑海祥：《从2019年大选看英国政党政治新变化与英国工党的现实困境》，《当代世界与社会主义》，2020年第3期。

③ 王军：《德国社会民主党的选举困局及其根源》，《当代世界与社会主义》，2018年第6期。

④ 李靖新弘：《德国社会民主党的竞选战略、选举表现与发展前景——基于2021年德国大选的分析》，《科学社会主义》，2022年第1期。

⑤ 李姿姿：《法国社会党2017年大选失败原因及启示》，《当代世界与社会主义》，2018年第5期。

⑥ 赵宏涛：《北欧社会民主党理论政策调整、面临的挑战及改革举措》，《当代世界》，2019年第5期。

⑦ 李宏、姜昊：《北欧模式与传统左翼的回归？——试析2019年丹麦议会选举》，《当代世界社会主义问题》，2019年第4期。

在经历债务危机的南欧地区，西班牙工人社会党和“我们能”党组成的左翼联合政府更侧重社会公平、社会保障等民生问题，在追求社会公平、平等、公正价值的理念下，更多关注社会底层阶级的生存与发展。联合执政将进一步丰富和发展欧洲乃至世界社会主义运动的内涵和实践。①

在经历社会转型的中东欧地区，追随西欧社会民主党是原苏东地区社会民主党的普遍做法，但是剧变后不久，它们很快认识到简单照搬是不够的，必须根据转轨过程中的具体情况来调整某些主张，而且这种自主意识越来越强。②中东欧左翼由于历史与现实原因，形成了相对稳定的政党立场，意识形态与政策主张的调整空间相对有限，导致对手党、部分选民对该党抱有一定程度的偏见，影响着选民对该党的持续性支持。③

新形势下，社会民主党的政策手段和政策空间受到明显局限。以福利国家为例，在议会体制内化性规律的作用下，社会民主党的社会福利思想已经失去原有的意义而变成了一种纯粹的工具，其实现的方式和程度完全取决于议会体制选举政治的需要程度。在议会民主制度下，福利国家的持久波动性，导致福利国家难以真正建立。④总的来看，社会民主主义所坚守的发展模式在新的时代和环境下遭遇结构性危机，社会民主党人探索能有效应对全球化挑战的新发展模式还有很长的路要走。社会民主党特别是一些执政的社会民主党政府所倡导和推行的经济社会政策与改革举措，在实施中遇到诸多主客观因素制约，结果不尽如人意，在一定程度上影响了其公信度。⑤

---

① 张敏：《西班牙大选后左翼联合新政府的政策走向——世界社会主义运动的视角》，《世界社会主义研究》，2020年第2期。

② 项佐涛：《原苏东地区社会主义政党的发展现状》，《中共中央党校学报》，2018年第1期。

③ 姬文刚：《中东欧左翼政党发展30年：回顾与展望》，《当代世界与社会主义》，2019年第6期。

④ 范广军：《议会体制的内化性与欧洲社会党社会福利思想的历史变迁》，《河南社会科学》，2008年第1期。

⑤ 代金平、唐海军：《当今国外一些社会党新情况新变化与困境探析》，《当代世界与社会主义》，2013年第4期。

二、关于欧洲社会民主党的社会基础和政党竞争

欧洲社会民主党源于工业时代工人运动和工会组织的兴起，容易受到社会结构变化和政治文化变迁的影响。有学者认为，社会民主党围绕把阶级政治转化为民主政治的路径设计政治议程，又寻求通过跨阶级联合甚至去阶级政治的方式克服作为阶级党的选举瓶颈问题。跨阶级联合是社会民主党能够长期保持左翼政治代表地位的关键战略，却导致了社会民主党向新的力量开放后带来的不同力量之间的兼容问题，以及社会民主主义的身份特征问题和组织战略问题。①社会民主党放弃阶级党特征向“人民党”转型，其“人民”主要指中间阶层。②社会民主党在二战后的发展表明，如果能获得工人阶级和新中间阶层的支持，则能获得较好的选举成绩，从而获得执政或参与执政的机会，反之则遭遇选举失利。③

协调传统支持者和新增支持者的关系是社会民主党身份定位和竞选战略的难题。例如，英国工党在百年发展进程中主导思想的调整过程，实际上就是平衡阶级基础与社会基础的过程。④左转的英国工党虽然在意识形态上试图代表工人阶级，修复与工人阶级的关系，但大选结果证明效果并不理想。科尔宾更注重动员对现有体制不满的草根中产阶级对自己的支持，他所吸引到的工党支持者中，中产阶级占多数。⑤德国社会民主党作为历史最长的社会民主党，为适应社会结构变迁而进行过三轮较大转型。⑥从工人

---

① 林德山：《世纪的沉浮：欧洲社会民主党思想政治演变的逻辑与问题》，《当代世界与社会主义》，2020年第6期。

② 周穗明：《20世纪西方三大左翼关于社会结构演变的理论沿革》，《当代世界社会主义问题》，2008年第1期。

③ 沈丹：《选民基础与欧洲社会民主党的选举危机》，《科学社会主义》，2019年第3期。

④ 李华锋：《英国工党政坛沉浮与主导思想的关系研究》，北京：中国社会科学出版社，2013年，第232页。

⑤ 陈晔、魏鹤鸣：《英国工党向何处去?》，《当代世界社会主义问题》，2020年第1期。

⑥ 王存福：《社会结构变迁与政党嬗变的向度分析——以德国社会民主党的转型为例》，天津：天津人民出版社，2011年。

阶级政党到全民党，再到新中间阶级的党，德国社会民主党逐渐丧失自己的阶级特色，政治影响力每况愈下。[①]从工业化带给瑞典社会结构变化的角度来看，社会民主党适应瑞典社会新中间阶层的出现而出现，以成功再造瑞典中间阶层而兴盛，21世纪又伴随着瑞典新中间阶层的分化而失势。[②]西班牙工人社会党试图通过意识形态调整，在稳固中产阶级选票的同时，用新左翼的选票弥补流失的工人选票。在金融危机前，工人社会党能够维持中产阶级和新左翼的联盟；金融危机后，这样的联盟就被冲垮了。[③]意大利民主党的亲市场改革是其失去意大利中部"红区"优势和底层民众尤其工人阶级支持的主要原因。[④]

传统竞争对手和新兴政治力量不断分流社会民主党的社会基础。其一，右翼政党"现代化"挤压了社会民主党的空间。在理念层面，右翼政党逐渐淡化保守色彩，向中间靠拢，谋求代表和体现日益增长的社会中间阶层的利益，同时尽可能协调不同社会阶层的利益诉求和关系，扩大社会支持基础；在具体政策层面，利用执政优势，抢夺左翼政策空间，为处于困难之中的欧洲企业和多数民众提供了支持，弱化了社会民主党作为自由资本主义矫正者的功能，使社会民主党不再像以往金融危机或经济危机爆发后那样受到青睐。[⑤]其二，在社会民主党采取中间化政策立场与整体"右转"的背景下，激进左翼政党"填补"了社会民主党留下的意识形态空白，继续捍卫工人阶级与中下层民众的利益，并强调社会正义、团结与民主的

① 张程、刘玉安：《德国社会民主党衰老了吗？》，《当代世界社会主义问题》，2018年第3期。

② 杨玲玲：《形塑中间阶层：瑞典社会民主党的兴盛与探求》，《当代世界》，2014年第5期。

③ 高建明、宋晓栋：《西班牙工人社会党的意识形态调整：从社会民主主义到共和主义》，《当代世界与社会主义》，2017年第2期。

④ 李凯旋：《意大利政党格局的重构：表现、原因及影响》，《当代世界与社会主义》，2020年第2期。

⑤ 石晓虎：《对欧洲社会党进一步衰退的几点看法》，《当代世界》，2010年第8期。

价值观，试图探索超越当前资本主义的社会主义道路。①其三，无论左翼还是右翼民粹主义政党纷纷打出福利国家和直接民主的旗号，对包括社会民主党在内的欧洲传统左右翼政党都提出了严峻挑战，特别是左翼民粹主义政党的主张对社会民主党的意识形态形成了有力冲击。②

在选票分散化的情况下，很少有社会民主党能够凭一己之力组建政府。要想赢得选举，与其他中左翼政党保持良好的互动关系并组建起执政联盟是一项非常重要的工作。③选举制度、议会制度、政府体制和社会结构都是影响左翼政党联盟的因素。④社会民主党与激进左翼、极端左翼之间，在意识形态、政策主张和政治作用方面的距离越来越大，越来越难以形成一种稳定的政治联盟。由于左翼阵营中平衡性力量的沉寂和衰落，也由于它们与温和左翼之间的鸿沟越来越大，社会民主党从传统的左翼阵营中选择伙伴的空间越来越小，以致有时它们宁愿放弃执政，也不选择与一些在它们看来带有民粹主义倾向的激进左翼政党合作。⑤社会民主党处于一个左右夹击的尴尬境地，未能突破思想束缚，与其他左翼力量形成有效的联合之势，是国际金融危机环境下社会民主党未能取胜的重要原因。⑥

三、关于欧洲社会民主党的组织变革和政党建设

社会民主党作为左翼政党，富有阶级政治和社会运动的传统，拥有比较完善的组织体系和外围组织。后工业社会和信息化时代的到来，极大改变了政党活动的环境。有学者从组织类型、组织基础、组织运作、组织机

① 王聪聪：《欧洲激进左翼政党的适应性变革与政治走向》，《社会主义研究》，2017年第1期。

② 蒋锐：《民粹主义对欧洲社会民主主义的影响》，《人民论坛·学术前沿》，2019年第17期。

③ 夏庆宇：《浅析当前西欧社会民主主义政党的危机》，《科学社会主义》，2011年第6期。

④ 张耀军：《二战后西欧左翼政党联盟研究》，北京：社会科学文献出版社，2018年。

⑤ 林德山：《欧洲中左翼政党面临的挑战》，《探索与争鸣》，2012年第3期。

⑥ 吕薇洲：《金融危机后西方思想理论界对社会民主主义的新认识》，《红旗文稿》，2011年第1期。

构、组织原则、组织纪律和组织目标等视角分析社会民主党组织变革的内容并评估其变革成效。①其中，英国工党在党内选举制度上将原来的“代表式民主”改为“选举团民主”，在政策制定机制上将原来的全国执行委员会主导改为以全国政策论坛为核心的议会党团主导的机制。②德国社会民主党不断根据形势的发展和任务的需要革新党的组织结构，充分利用新技术提高组织工作效率，不断发展党内民主和提高党员的参与。③德国社会民主党的组织变革体现了政党权力不断下放、党内民主不断扩大的过程，表现出很强的渐进性和稳定性，也形成了政党组织变革的动态发展机制。④法国社会党坚持推进党内外民主协商和民主参与，依靠民主建设，更新党的组织，扩大社会影响，为社会党执政赢得组织支持。⑤还有学者以英国工党、德国社会民主党和法国社会党为例，揭示三者在组织层面、社会层面和政治层面扩大民主参与之战略选择的趋同性。⑥

社会民主党起源于工人运动兴起时期不同政治力量的整合，在发展过程中它不断吸纳新的政治力量。由于思想来源和组织构成多元，加上社会主义发展史重大争论和重大事件的影响，社会民主党内部往往派系林立、矛盾复杂、交锋激烈。⑦有学者认为，社会民主党的崛起及其长期保持政治地位与其组织优势密切相关。在去阶级政治取向之下，社会民主党日益向“全方位党”方向发展，其组织也发生了相应的变化，曾经的组织优势不复

① 葛丽：《当代欧洲社会民主党的组织变革》，济南：山东大学出版社，2016年。

② 陈文、梁玉柱：《从“选举民主”到“协商民主”：英国工党的改革经验与启示》，《党政研究》，2016年第1期。

③ 童建挺：《德国社会民主党党建经验教训》，《当代世界与社会主义》，2012年第2期。

④ 黄蕊：《二战后德国社会民主党的改革》，北京：社会科学文献出版社，2016年，第166页。

⑤ 谭鹏：《战后法国社会党治国理政的成就、经验与启示》，《中共浙江省委党校学报》，2014年第2期。

⑥ 陈露、张小劲：《欧洲社会党组织转型研究：以英国工党法国社会党德国社会民主党为例》，北京：中国政法大学出版社，2016年。

⑦ 吴韵曦：《政党格局演变、左翼阵营内耗与欧洲社会民主党选举困境——以英国、德国、法国为例》，《当代世界与社会主义》，2021年第4期。

存在，组织发展方向不明确，缺乏必要的凝聚力。[①]例如，后科尔宾时期英国工党内部的组织危机不但没得到缓解，反而更为严重。工党组织危机与历史上多次出现的派系之争密切相关，领导层更迭与组织惯性之间的矛盾是当前党内派系斗争的直接原因。[②]党内初选不仅没有帮助法国社会党挽回在大选中遭遇惨败的命运，反而在很大程度上加剧了党组织的分崩离析，以至于社会党几乎陷入亡党的境地。[③]

社会民主党欠缺有清晰构想和影响力的领军人物。有的政要在短短几年内迅速消耗了政治资本，有的政治人物一度引发公众的极大期待，掀起一股追捧热潮，却同样在内政和政党政治的缠斗中失去光环。[④]例如，现在德国社会民主党领袖大都是二战之后出生的，没有经历过残酷的政治斗争，缺乏领袖人物所特有的人格魅力，特别是坚强的意志和号召力。[⑤]

社会民主党自身建设的经验教训也引起了关注。[⑥]社会科学文献出版社出版的《德国政党法规和党内法规选译》《法国政党法规和党内法规选译》《西班牙政党法规和党内法规选译》等资料汇编和中央编译出版社出版的“世界主要政党规章制度文献”丛书为社会民主党制度建设的研究提供

---

① 林德山：《世纪的沉浮：欧洲社会民主党思想政治演变的逻辑与问题》，《当代世界与社会主义》，2020年第6期。

② 杨阳、金淑霞：《后科尔宾时期英国工党的组织危机及其走向》，《当代世界社会主义问题》，2020年第4期。

③ 段明明：《党内初选视角下2017年法国大选对法国政党政治的影响》，《当代世界与社会主义》，2020年第6期。

④ 伍慧萍：《欧洲社会民主政党的生存现状与发展前景：从整体低迷到初现起色》，《当代世界》，2019年第7期。

⑤ 张文红：《永不停息的改革者——德国社民党的历史成就与现实挑战》，《人民论坛·学术前沿》，2014年第10期。

⑥ 例如，赵婷：《瑞典社会民主党廉政建设与腐败治理机制研究》，《当代世界与社会主义》，2019年第4期；林德山、王书瑶、肖行超：《欧洲社会民主党党内政治文化构建的经验教训及启示》，《当代世界与社会主义》，2018年第1期；向雪宁：《德国社会民主党党内法规建设成果及其中国启示》，《河北法学》，2018年第5期；王慧：《执政合法性与执政党形象建设理路——以瑞典社会民主党为例》，《河南师范大学学报（哲学社会科学版）》，2017年第6期；易承志：《瑞典社会民主党培育与开发价值性资源的启示》，《理论视野》，2015年第3期；李军：《西班牙工人社会党因应社会治理需要加强自身建设的历史经验》，《中央社会主义学院学报》，2012年第5期。

了有用的资料。

四、小结与展望

国内学术界主要从政治理念、政策主张、社会基础、政党竞争、组织变革、政党建设等角度分析欧洲社会民主党的历史演变、现实困境和经验教训，丰硕的成果受篇幅限制而未能逐一列举。值得注意的是，与社会民主党在20世纪末“粉红色的欧洲”的兴盛时期相比，伴随着社会民主党的选举衰退，学术界的关注点逐渐从社会民主党的执政经验和变革启示转向了转型教训和现实挑战，呈现出以下特点。

一是注重历史分析。在时代背景、经济结构、政治生态、社会思潮等方面发生巨大变化的情况下，社会民主党依然在欧洲大部分国家保持左翼阵营主流政党的地位，其发展历程值得深入研究。学术界借助政治纲领、政党章程、竞选宣言、领袖著作等文献资料，结合历史背景、历史事件和历史人物，分析社会民主党从民主社会主义到社会民主主义的意识形态演变，从群众党、纲领党到选举党、媒体党的适应性变革，揭示出社会民主党持续转型所积累的结构性问题，为认识社会民主党乃至欧洲政治制度的现实困境提供更有纵深历史感的视角。

二是注重个案跟踪。由于历史背景、经济状况、政治制度、社会文化、政党实力、领袖风格等因素的差异，各国社会民主党的历史缘起和演变轨迹存在明显的区别。一部分社会民主党经过多次分化重组，与过去相比发生了较大的变化。学者们根据自身的专长和旨趣，对不同地区、不同国别的社会民主党展开具体研究，对社会民主党、激进左翼政党、绿党、左翼民粹主义政党进行比较研究，有助于不断丰富国外政党的研究成果，进而从整体上把握欧洲政党政治和国外左翼政党的发展趋势及其基本规律。

三是注重学术译介。党建读物出版社出版的《当代世界政党文献》以及学者翻译的《德国社会民主党纲领汇编》《瑞典社会民主主义模式述评与文献》等书籍，为社会民主党研究提供了重要材料。《社会民主主义的未来》《社会民主党的改革能力：西欧六国社会民主党执政政策比较》《德国社会民主党：从无产阶段到新中间》等译作和《法国社会党：2017年以来的法国社会民主主义力量现状》《面对危机的社会民主党——重新评价西欧社会民主党的政策抉择》《一份谨慎务实的新党纲——瑞典社会民主党2013年党纲述评》《德国社民党作为一个全民党的未来》《金融危机环境下各国社会民主党普遍失败的原因》等译文的发表，有助于了解国外社会民主党的研究状况。

国内学术界的社会民主党研究延续自社会主义发展史、当代世界社会主义、国外社会思潮领域的第二国际、社会党国际、社会民主主义等话题，起步较早，基础较好，也存在较大的拓展空间。例如，对于中东欧、南欧地区社会民主党的关注相对较少，对于各国社会民主党原始素材的掌握依然不够，对于研究视角和研究方法的创新有待加强。由于研究的便捷和语言的优势，欧美学术界的相关成果材料丰富、视角新颖、时效性强，普遍采用理论框架和定量分析相结合的方法来讨论社会民主党的政党竞争、政策变化、选举策略、选民结构、党员特点等问题，提供了富有价值的研究视角和研究素材。当然，国外学界成果的议题过于具体化、方法过于技术化，往往侧重用“政党”而非“左翼”的视角来分析社会民主党，未能深入剖析资本主义、社会民主主义和社会民主党的相互关系，探索政党制度与政党活动的本质规律。如何突破选举政治和执政实践的话题局限，把社会民主党置于社会变迁、政治发展和比较政治的层面进行跨学科探讨，是政党研究值得关注的问题。

中东欧的“民族民粹主义”：话语武器、多维面相及其正源

彭玉峰

浙江省委党校马克思主义研究院副教授

浙江省委党校全面从严治党研究中心研究员

摘　要：政治极化和社会撕裂越来越困扰着欧盟内政外交，而将之归咎为非理性民粹主义的煽动也成为欧盟自我辩护的通行做法；滥用民粹主义概念来分析和批判中东欧政治，并将在涉及国家利益、价值理念、对华外交等方面与欧盟的纷争标签为民族民粹主义，成为西方“主流”媒体分析批判中东欧政治的重要手法。由此，民族民粹主义沦为欧洲国家特别是其政党政治中的一种话语武器，呈现出扑朔迷离的多维面相。我国在观察和审视中东欧政治时应该跳出概念陷阱，客观分析中东欧“民粹主义政治”背后的成因及其逻辑，对西方炒作意识形态因素挑拨双边关系淡化处理，推进以经济合作为轴心的双边关系深入发展。

关键词：民粹主义　中东欧　欧尔班　话语武器

基金项目：本文是国家社科基金青年项目“金融危机后西方左翼民粹主义兴起演变和发展趋势研究”（20CKS061）阶段性成果

自从中东欧主要国家纷纷加入欧盟以来，由于在经济发展水平、政治制度、社会价值观等方面的差异，欧盟与中东欧国家的各种分歧争端成为欧盟政治的重要特征。在外交政策领域，一些中东欧国家试图基于国家利

益的考量采取务实主义外交政策，与中国发展更为紧密的经济联系，而欧盟越来越试图通过“政治正确”来压制反对声音，通过打造所谓“民主同盟”来遏制中欧经济的深化合作。特别是2022年2月俄乌冲突以来，以美国为首的西方世界越来越试图打造内部团结，对于欧盟内部的异议声音采取了越来越明显的压制态度。民粹主义批判话语也成为这种政治压制的重要概念工具。如何看待欧盟内部的这一分歧，评估欧盟民粹主义政治的政策趋向及其影响，都需要进行细致的分析和研判。

在西方“主流”媒体笔下，欧洲一些政党或政客常常被贴上“极左翼”或者“极右翼”的标签，有时候被统一称为民粹主义或民族民粹主义，由于西方媒体的话语霸权，这些标签也常常被我国媒体所直接引用，从而自然而然地在读者中产生一些非常负面的印象，妨碍他们去探究这些政党的纲领，去分析研判其诉求是否具有合理性，并对我国与这些政治势力的双边交往形成一种预先的消极判断。①但这些标签的形成往往是出于西方的政治

① 近年来“民粹主义”这个概念在学术研究和政治实践领域被广为使用，常常沦为“话语武器”，乃至被标签化并肆意滥用，由此造成了“概念过载”的现象。笔者曾对此做出专门分析，概而言之：首先，西方学界不愿去触碰民粹主义的“需求侧”问题，从心理上抗拒分析民粹主义兴起的社会经济政治背景，而往往从“供给侧”角度夸大个人作用的主导型解释。随着新冠疫情、俄乌冲突、经济滞胀等问题造成的社会危机激化，对于民粹主义的滥用也出现了全面升级。民粹主义概念的滥用与泛化越来越成为处于困境的西方制度自我辩护的手法，将失败归咎为民粹主义者的盲动似乎成为解释西方纠错机制暂时失灵的最好工具。其次，世界进入民粹主义时代越来越成为对当下世界政治的流行解读。某种意义上，民粹主义时代的来临与民粹主义概念的滥用相辅相成。西方社会面临着一系列经济、政治、文化危机的不断加深，民粹主义思潮兴起是这些危机的表征之一。由于本身的“灵活”特征及其概念的含糊性，民粹主义已经变成一个随意标签和贬低政治对手的标语，越来越多的涵义和内容被注入其中。这源自西方社会自我反思和革新精神的衰败，傲慢的西方建制派精英不愿意正视西方社会的问题和矛盾，将民众对各种社会问题的不满及国内外一系列反对派统一标签为民粹主义。因此，对民粹主义的滥用越来越成为压制社会多元声音的表现。这种态度既限制了自身可选择的危机应对措施，又激化了政治竞争对手间的矛盾，从而制约了各方沟通和协商的可能性，使得西方政治竞争呈现出从良性协商走向恶性斗争的趋势，社会进一步撕裂和极化。民粹主义浪潮越来越像是一种预言最终成真的政治游戏。最后，随着民粹主义概念被滥用的程度加深及西方纠错机制的自我开脱，其“概念过载”的问题愈加严重。随着西方治理失败的加重，“甩锅”给民粹主义的冲动会越来越强烈。在西方民主理论体系中，西方制度的优越性及其自我纠错能力是该思想体系的理论内核，它由一系列辅助性假说作为其保护带。而民粹主义实质上是这种保护机制的重要组成，通过将各种对于西方民主理论的经验上的质疑和批判“甩锅”给民粹主义，从而消解、否定作为反例的疫情治理困境来保护内核。但民粹主义概念显而易见的滥用越来越意味着这一保护带的过载，将问题归咎为民粹主义越来越难以解释对西方民主的所有质疑。某种意义上，西方民主制度及其理论已经进入严重退化阶段；民粹主义这个外围将越来越难以保护内核，西方制度自我纠错能力强大的神话终将破灭。不过，一旦西方自由主义模式的制度神话在西方社会内部破灭，西方制度失败的责任恐怕是民粹主义难以承受之重。参见彭玉峰：《民粹主义的“概念过载”与西方制度困境》，《中国社会科学报》，2021年1月27日。

正确，甚至是出于美国的利益。如何跳出西方话语的意识形态局限，基于对相关概念本身进行正本清源式的理解，对政治标签的内涵及其形成进行分析，解析它背后反映出的经济政治和文化等原因，就成为我们分析中东欧政治及其与我国关系的重要出发点。

一、西方语境中饱受非议乃至被妖魔化的中东欧“民粹主义”

欧盟与中东欧在很多领域存在着分歧或矛盾，这是历史和现实利益等一系列因素导致的。一方面，中东欧国家历史上多次沦为大国秘密政治的牺牲品，他们的受害者心理很浓烈，这就催生了强烈的民族情感，例如在俄乌冲突发生之前的2022年2月初，匈牙利外交与贸易部长彼得·西雅尔托就表示，匈牙利不会卷入双方的冲突，“因为匈牙利已经从历史中吸取了教训，中欧国家总是因为应对不当而在东西方冲突中吃大亏”，[①]以此来回应美国和欧盟对匈牙利独立自主外交政策的干预和胁迫；另一方面是中东欧相对于西欧所具有的文化保守主义特征，在很多方面与更为自由化的西欧格格不入，这种文化保守特征也常常受到自由化的西方媒体的批评。因此，在过去二十年里，由于中东欧一些国家总是表现出对于美国和欧盟的不合作态度，西方媒体和学界常常批判中东欧政治，诸如新式独裁、法西斯主义、极端民族主义、纳粹主义等评价不绝如缕。近些年，对于某些“桀骜不驯”的中东欧执政党或政客，将他们统一标签为民粹主义，指责他们煽动疑欧的、非理性的、排外的民族民粹主义政治，也成为西方媒体和学界的一种潮流。

这种做法部分源自民粹主义这一术语在内涵上的模糊性，及其在欧洲

① Foreign Minister: Dialogue More Important than Ever, Hungary Today, 2022.02.05. https://hungarytoday.hu/foreign-minister-dialogue-important-russia-west-nato-ukraine/. “今日匈牙利”网站由匈牙利之友基金会所建立和维护，该基金会是匈牙利历史学家、前外交官、欧尔班顾问乔治·格拉纳兹托伊（György Granasztói）在2011年创办的，一般被认为是一个亲欧尔班政府的新闻平台。

政治中的强烈负面色彩。民粹主义的原初涵义是与精英主义的简单对立，利用人民对于寡头统治的普遍怨恨情绪，对复杂的社会问题和危机给出简单粗暴的解决办法，强调人民可以通过直接投票来决定关涉国家和自身的各种大政方针，提倡一种更为平等的直接民主来取代被精英所操纵的代议制民主。因而民粹主义与民主政治很难截然区分，毕竟任何政治势力都试图将自身塑造为代表人民的一方，而斗争双方都常常指责对方欺骗或者操纵选民。民粹主义批判理论立足于对“乌合之众”的批判，认为选民容易受到蛊惑或煽动，即使是在民主选举中获得压倒性胜利的政党，也难以避免被指责为操纵选民的民粹主义者，这就使得民粹主义逐渐成为斗争双方彼此攻击的概念工具。显而易见，滥用民粹主义概念来攻击对手是西方选举民主逐渐衰败的表现，它体现出对于选民能够理性参政和选择的怀疑倾向。

美国等西方势力一贯喜欢使用民主与专制的两分法来谴责对手，将那些不符合西方价值观或者不服从西方指挥的国家打为另类。出于同样的逻辑，当他们面对一个采用西方式选举民主却又不驯服的国家时，也同样需要创造出一套得心应手的道义话语。正是由于民粹主义成为妖魔化民主选举的有用话语武器，能够用来批评那些在西方式民主政治中游刃有余的政治势力，方便用来指代所有西方“主流”思想所排斥或厌恶的政党和政客。对中东欧政治的评论就常常受这种民粹主义批判理论框架的支配，用操纵乌合之众这种“合理”的逻辑，可以解释匈牙利总理欧尔班等在选举中屡屡大胜的政客。这种贴标签式的政治分析，将“民粹主义”政党的胜利简单归因于煽动和洗脑，避免了对“非理性”民众的合理诉求的探讨和理解，回避了对中东欧社会的客观分析和判断，从而逃避对美国和欧盟某些政策或价值观念的合理质疑。这种做法也意味着民粹主义概念的泛化以及进一步含糊化。

在西方“主流”媒体和学者的笔下，波兰的执政党法律与正义党及党魁克钦斯基、捷克的前执政党ANO2011运动党[①]及其党魁巴比什、塞尔维亚的执政党进步党及现任总统武契奇、匈牙利执政党青年民主主义联盟（以下简称青民盟）及其党魁欧尔班等中东欧政党及政客，都被批评为典型的民族民粹主义势力。要理解什么是民粹主义概念的滥用或者泛化，欧尔班政府可谓是最明显的写照。欧尔班在西方“主流”媒体的典型形象是操纵舆论来迎合体现民族劣根性的右翼民粹主义者，其“劣迹”包括反对欧盟的主流价值观、压制言论自由和压制司法独立、不尊重少数族裔和少数群体的权利等等。事实上，在内政领域，近些年欧盟与匈牙利的纷争集中体现在两大问题上：一是难民问题，欧盟认为接受难民是成员国的义务和责任，匈牙利则认为是否接受难民是内政问题；二是有关LGBTQ[②]的性别平权问题，欧盟将之视为成员国必须遵循的基本人权问题，而匈牙利则认为这是匈牙利人有权决定的价值观念问题。

随着难民问题与性别政治问题逐渐成为欧盟的核心政治议题，敢于挑战欧盟政治主流的政党或政客，通常都被批判为非理性、排外、煽动仇恨和恐惧等，既包括在野的法国勒庞等西欧政客，也包括执政的某些中东欧政党。欧尔班强力关闭边境拒绝难民进入，对于欧盟在全境分配难民比例的举措拒绝配合，大胆地公开宣扬难民大规模涌入的危险等，这成为欧尔班政府在2018年大选中赢得广泛支持的重要“选举密码”。在LGBTQ问题上，欧尔班政府一向对西方的政治正确持怀疑立场，在议会推出了一款反恋童癖法（Anti-paedophile law），部分法律条款涉及LGBTQ，禁止在针对未成年人的学校教材和文艺作品中出现LGBTQ内容。欧尔班强调该法是为

① ANO2011运动党是捷克的右翼政党，其领导人安德烈·巴比什是捷克第二大富豪，据称拥有超过40亿欧元的个人财富。ANO2011运动党提出减税、反腐、反对过早加入欧元区、支持关闭欧洲边界、不接受难民及其他多种民粹主义色彩较明显的主张。安德烈·巴比什被不少欧洲媒体称为“捷克特朗普”。2017年10月，ANO2011运动党以29.73%的得票率赢得议会大选，并在随后组成联合政府成为执政党。2021年10月，ANO2011运动党在众议院大选中失利，但依然是最大的单一执政党。

② LGBTQ是网络流行语，中文又名“彩虹族”“彩虹族群”“性少数者”等，是女同性恋者（lesbian）、男同性恋者（gay）、双性向者（bisexual）、跨性别者（transgender）与酷儿（queer）的合称。

了保护父母在决定子女性教育上的权利，“国家的责任是为父母能够履行这一权利而创造条件”。[①]该法最终在2021年6月15日的匈牙利议会投票中以压倒性多数通过。

这在欧盟内部引发轩然大波，被欧盟及西方媒体统一称为“反LGBTQ宣传法”，双方对该法的论争主要是围绕着自由主义和人权的内涵展开，诸如欧洲人权法院等欧盟机构认为，青民盟的举措加深了歧视和同性恋恐惧症，与自由民主价值观格格不入。而青民盟则认为，正如心智成熟的成年人才能享有民主选举权，“真正的自由主义是让满18岁的成年人来独自决定诸如性取向等问题”。[②]欧盟高层纷纷指责欧尔班政府的“倒行逆施”，欧盟委员会主席冯德莱恩提出，在人权和保护少数群体的问题上不容商榷，并警告匈牙利必须尽快废除该法律，否则欧盟将对匈牙利进行法律惩罚。当然，青民盟这一举措也是在为2022年大选做准备，抓住了匈牙利人对于LGBTQ议题的普遍关切，通过在抵制欧盟压力上的强硬态度，塑造了青民盟捍卫民族价值观念而不畏强权的政治形象，推动其成功在2022年大选中大获全胜。既然青民盟试图限制本国媒体对于性别政治的讨论或支持，这便成为西方势力将其界定为压制新闻自由的重要论据，因而“消息操纵”也就成为青民盟能够一再赢得选举的重要原因，这也是欧尔班被西方媒体批评为独裁者或民族民粹主义的重要背景。

匈牙利与欧盟在这一问题上的分歧，其实体现了中东欧对于自身相对传统和保守的价值观的坚守立场，因而在被西欧、北欧等18国领导人联名谴责的同时，匈牙利也获得了波兰、捷克、斯洛文尼亚等中东欧国家的支持，他们以文化差异来为匈牙利的立法辩护。例如时任捷克总统泽曼在每周一次的电视访谈中公开支持欧尔班政府，并认为性别政治的平权运动正在走向其反面，“我能理解男女同性恋者……但同性恋骄傲运动旨在使得少

① “PM Orbán: Anti-paedophile law about protecting children, parents”, Daily News Hungry, 24 June 2021.

② Portfolia, Hungary to ban LGBTQI content for children via anti-paedophile law,https://www.portfolio.hu/en/economy/20210614/hungary-to-ban-lgbtqi-content-for-children-via-anti-paedophile-law-488004.

数群体获得凌驾于多数群体的特权地位。”[①]不难想象，包括泽曼和时任总理巴比仕在内的高层，在《卫报》《纽约时报》等西方主流媒体中都被打上了民粹主义的标签。

二、中东欧“民族民粹主义”背后的欧盟内部纷争

欧洲的民粹主义浪潮是欧洲各种危机的产物，2008年全球金融危机很快引爆了欧洲主权债务危机，继而引发了欧盟与一些欧盟成员国家的激烈冲突，各种民粹主义政党在各国崛起，迎合选民提出某些激进而又不切实际的主张，他们中相当一部分具有疑欧主义情绪，既包括经济因素也包括政治价值观因素。2014年的欧洲议会选举是这次社会危机和不满情绪的总爆发，一些新兴的反欧盟政党在欧洲议会中攻城略地。欧盟及其主流媒体也越来越喜欢用民族民粹主义术语来标签那些具有疑欧主张的政党和政客，以便于在道义上谴责他们。这种谴责针对某些不切实际的幼稚政客具有一定的合理性，但很快便成为一种政治斗争的话语武器，将各种质疑欧盟的声音都统一标签为民族民粹主义。

分析欧盟内部的矛盾，价值理念的分歧只是台面上的理由，一些分析者认为，国家利益冲突远比价值观念的因素更关键。西欧与中东欧民众对于新自由主义和难民问题的不满和怨气都非常普遍，但由于经济发展水平和政府财力的不同而表现出差异，西欧国家有更多的资源来缓解民众的不满并维系政治正确，而中东欧国家受到的冲击更为明显[②]。对于中东欧、南欧等相对落后国家而言，加入欧盟可以更方便地搭上经济快车，但也导致国内资本和人才等资源大量向德国等富裕国家转移，欧盟又没有类似于中国的“转移支付”等经济再平衡机制，这就导致了这些地区对欧盟不满声音

① Milos Zeman: Czech president calls transgender people ‘disgusting’, 24 June 2021, BBC News, https://www.bbc.com/news/world-europe-57635373.

② 参见Ivan Kalmar, The east is just like the west, only more so: Islamophobia and populism in Eastern Germany and the East of the European Union, *Journal of Contemporary European Studies*, volume 28, 2020。

的泛滥。

美国及欧盟与中东欧部分国家的分歧争端，既体现在难民、LGBTQ等国内政策上，也体现在对俄、对华策略等外交政策上，一旦不服从美国的要求，未能步步紧跟、对中国进行污名化谴责，那么就是在“压制新闻自由”，进而滥用独裁政权、民粹主义概念作为敲打不听话国家的棍子。捷克、波兰、匈牙利、塞尔维亚等国的“民粹主义”执政党，在对外政策上更接近于现实主义外交，常常在对中国等国家的关系中采取一种与欧盟有差异的立场，对中国的社会治理模式持一种更为理解的立场。“中东欧国家对华合作主要还是出于经济层面的考虑……这在客观上造成了中东欧国家对华合作‘经济导向型’的短期特性。”①经济相对脆弱的中东欧（也包括原东德地区）更关注与中国的合作，并试图排除“人权”等意识形态元素的干扰。德国6个主要政党在2021年6月份分别发布了针对9月份大选的竞选纲领，相对于其他政党多从政治制度和“人权”问题上审视对华外交，被“主流”媒体标签为民粹主义的另类选择党，其纲领对中国的态度最为友好和积极，更关注从经济合作角度来描述中德关系前景②。而泽曼、武契奇③和欧尔班等更是给人以“亲中”的印象，这也成为他们受到欧盟不满和批评的重要原因。这实际上反映出在欧盟当下政治氛围中，从坚持国家利益出发的更务实的外交政策，很容易被扣上民族民粹主义的政治帽子。

作为一个“民族民粹主义者”，欧尔班多次出于国家利益实行违背欧盟的政策，在对外政策领域淡化意识形态干扰而表现得更为灵活。这在新冠

① 宋黎磊：《中国—中东欧国家人文交流：合作进程、影响因素与前景》，《当代世界》，2020年第4期。

② 参见《扬之：德国各党竞选纲领中的“中国议题”》，观察者网，https://www.guancha.cn/yangzhi/2021_07_11_597923.shtml。另类选择党被普遍称为右翼民粹主义政党，势力更集中于原东德地区。由于原东德地区与中东欧在历史进程、经济发展水平、政治格局和文化观念上的某些相似性，本文也将原东德地区纳入广义的中东欧范围之内。

③ 2015年，泽曼总统应邀参加了中国举办的抗战胜利70周年阅兵式，是唯一参加该活动的欧盟国家元首；正在谋求加入欧盟的武契奇，在华为、疫苗等领域的对华友好政策更是承受着美国和欧盟的巨大压力。

疫情以来尤为明显，由于欧盟内部在疫苗分配上的效率低下和分配不均，匈牙利选择求助于中国和俄罗斯，不顾欧盟的强烈反对，成为首个批准使用中国疫苗的欧盟国家。在香港问题上，匈牙利在2021年4月和6月两次否决了欧盟外交事务委员会批评中国涉及香港新法律的声明，匈牙利政府提出，“欧盟迄今就中国内地和香港发表了一系列声明，但没有哪一次证明是成功的，因而没必要再发布一次”。①俄乌冲突爆发以来，欧尔班政府与欧盟的分歧进一步加大，尽管美国和欧盟采取各种办法试图将青民盟选下去，但2022年欧尔班再次大胜被欧盟大力支持的竞争对手。在国会就职演说中，他再次批判了欧盟的各种政策，包括欧盟根本没能力通过对俄制裁使其屈服，欧盟一贯滥用权力将一些外来意识形态强加给匈牙利，他同时强调匈牙利的相关主权不容侵犯，不会允许移民和性别意识形态进入等。这都使得美国、欧盟与欧尔班政府的矛盾进一步激化。

因此，美国官方及其控制的非政府组织对匈牙利的批评也日益激烈。美国驻匈牙利大使馆2022年10月17日在其官方社交媒体账号上发布视频，点名批评一些匈牙利高层的“反西方和反美”言论，包括匈牙利国民议会议长，曾任代理总统的拉斯洛·科沃尔（László Kövér），他针对俄乌冲突及北溪事件等指出，欧盟屈从于外部大国的压力，违背了自身的经济利益，无论冲突双方谁最后成为胜利者，欧盟都应该被视作失败者。美国大使馆列举了科沃尔的“反美”言论：“美国攻击了欧盟，我们的回应应该是做好战斗准备，开始反抗美国的战争。”美国使馆评论道：“科沃尔到底是匈牙利议会的发言人还是普京的发言人？”②另外，美国非政府组织internews于2022年10月初在知名招聘平台领英（LinkedIn）上挂出招聘启事，将招聘数

① Reuters, German official rebukes Hungary for blocking EU criticism of China,https://www.reuters.com/world/europe/eu-cant-work-like-this-german-official-says-after-hungary-blocks-china-statement-2021-06-04/.

② https://twitter.com/usembbudapest/status/1582009361106227200?ref_src=twsrc%5Etfw%7Ctwcamp%5Etweetembed%7Ctwterm%5E1582009361106227200%7Ctwgr%5E0622cfc78cd5d2c40802abb823c06e07239f59bb%7Ctwcon%5Es1_&ref_url=https%3A%2F%2Fhungarytoday.hu%2Fnew-us-player-to-enter-hungarian-media-market%2F.

名资深从业人员建立一个布达佩斯分部，以启动一个由美国政府所资助的推动“新闻自由”的项目，针对匈牙利、波兰、罗马尼亚等中东欧国家，“该项目专注于推动形成一个强有力的独立媒体部门……抵制这些国家的强大利益集团操纵、孤立或控制媒体的企图”。[①]对于这一项目，“今日匈牙利”网站称之为“美国政府国际信息战的一次新的偷袭”。[②]

关于欧盟与其成员国之间的冲突，欧盟与希腊的关系是另一个典型案例，希腊在地理上属于东南欧国家，但传统上常被归为西欧国家。基于希腊在2019年正式加入中国—中东欧国家领导人会晤和“17+1合作”机制，无论是从地理位置、与欧盟的关系，还是国内的政治格局来说，希腊都与中东欧国家存在着很大相似性。希腊前执政党激进左翼联盟被西方“主流”媒体界定为代表性的左翼民粹主义政党，也一度被认为是重要的反欧盟政治势力，该党原来的高层、曾任希腊财政部部长的瓦鲁法克斯撰写了回忆录《房间里的成年人》，该书是索解该党执政时期与欧盟关系的重要参考，出版后很快被改编为同名电影在2019年上映，获得第33届欧洲电影节最佳编剧（提名）等奖励，获得了较大的影响力。

瓦鲁法克斯在激进左翼联盟执政时期任职财政部长6个月，其间围绕着希腊的财政紧缩政策与美国和欧盟展开了激烈斗争，很快被总理齐普拉斯解除职务，他随即退党并重组新党。瓦鲁法克斯的论述带有明显的民粹主义与精英主义的对抗视角，回忆录原版的副标题是“我与欧洲深层建制派的战斗”。该书的主标题“成年人”当然是讽刺意味的：欧盟建制派及其所控制的媒体，批评瓦鲁法克斯是空喊口号而不切实际的“大小孩”；国际货币基金组织总裁拉加德提出，解决希腊债务危机问题需要理性务实的政治家，需要的是“与房间里的成年人对话”，这被媒体解读为对瓦氏不切实际的批评。瓦氏则讽刺这些人是不负责任的幕后黑手，这些“成年人”是造成

---

① https://phf.tbe.taleo.net/phf04/ats/careers/v2/viewRequisition?org=INTERNEWS&cws=38&rid=1892.

② New US Player to Enter Hungarian Media Market,Mariann Őry 2022.10.27, https://hungarytoday.hu/new-us-player-to-enter-hungarian-media-market/.

希腊主权债务危机的真正原因，现在又试图以巧妙的方式将责任完全归咎于希腊人的懒惰。该书也成为运用民粹主义政治话语的典型文本，诸如“建制派”“深层政府”等本来就是典型的民粹主义反精英反建制话语，而民粹主义者则自诩为反抗这些精英的英雄。作者还使用诸如资本主义、新自由主义等传统左翼话语，认为在2008年金融危机及欧洲主权债务危机的解决过程中，“我亲眼所见的事情只能被称为赤裸裸的阶级战争。这场战争针对弱者，可耻地偏袒统治阶级”。①因而瓦鲁法克斯被认为是左翼民粹主义的重要代表。

当然，鉴于民粹主义这一概念在欧洲的污名化，瓦鲁法克斯不可能自称为民粹主义者，而是以批判右翼民粹主义的左翼进步主义者自居。他提出站在一个第三方立场，既批判僵化的、无视弱势群体和弱小国家利益的顽固建制派，也反对那些诉诸民族主义而敌视欧盟的右翼民粹主义者。尽管对欧元区有尖锐批评，但瓦鲁法克斯认为自身对欧盟持认同立场，主张作为一个建设派积极参与推动欧盟的内部改革，从而有别于那些激烈主张脱欧的右翼民粹主义者，他提出激进左翼联盟“是坚定的欧洲主义者。我们非常关心我们的人民，但我们不是向所有希腊人承诺一切的民粹主义者”②。而欧盟建制派则在扼杀这种进步力量，这只会导致更极端的势力的崛起，这已经为随后的欧洲民粹主义浪潮所证实。瓦鲁法克斯是一个存在着普遍争议的政客，他对希腊国家利益的捍卫被轻率地打上了“民粹主义”的标签，这成为解剖中东欧“民粹主义政治”如何生成的重要样本。

三、中东欧“民粹主义”多维面相的由来、影响及其正源

本文的目标并不是为民粹主义势力辩护，也并不认为民粹主义势力必

---

① 雅尼斯·瓦鲁法克斯：《房间里的成年人》，沈丹琳译，北京：中信出版社，2021年，第648页。

② 雅尼斯·瓦鲁法克斯：《房间里的成年人》，第319页。

然有助于中欧深化合作，而是认为需要对西方媒体所标签的“民粹主义政治”进行更深入的分析。由于西方媒体滥用民粹主义将中东欧某些内政外交举措妖魔化，这种标签化的政治话术也影响到了国内相关研究，常常遮蔽对更为错综复杂的中东欧政治的客观分析。我国不能按照西方主流媒体的那些“标签”来人云亦云，而是要对“民粹主义者”的主张有一个基本的了解和判断。

中国与中东欧国家的关系也并非一帆风顺，后者的对华政策受到国内政党竞争格局的影响，也不断受到美国和欧盟的制约和支配。一方面，中国与中东欧的“17+1合作”机制（2019年希腊加入中国—中东欧合作机制，“16+1合作”由此升级为“17+1”合作）已经成为双边关系的成熟模式，这不可避免地引起了试图主导欧盟外交政策的美国、德国等国的关注和警惕。德国一向视中东欧为自己的经济后院，试图利用东欧廉价的劳动力等资源将其纳入自身产业链，因而德国对于中国与东欧深化经济合作一直非常警惕，“德国对中国积极开展同中东欧国家合作的警惕心理最强，抵触情绪也最大”，①炒作意识形态主题来破坏中国与中东欧双边关系，成为德国及其所主导的欧盟的重要政策取向。另一方面，中东欧某些亲美亲欧盟的国家或政党也不断利用中国所谓“人权”议题来谋取利益，例如匈牙利首都布达佩斯由反对党对话党掌握，捷克首都布拉格由海盗党执政②，相对于两国中央政府所采取更为理性和务实的对华外交政策，炒作对华议题已经成为这两个政党的选举密码，典型事件包括2021年布达佩斯市长卡拉松尼在复旦分校事件掀起大规模抗议活动，以及近几年布拉格市长赫日布不断做出亲近台湾地区的举动并屡屡掀起外交风波。如何全方位分析和对待中东

① 朱晓中：《浅谈主要大国在中东欧的利益格局及对16+1合作的影响》，《区域与全球发展》，2017年第2期。

② 一般来说，中东欧大城市中年轻人比例更高，与欧盟在经济联系、政治倾向、文化观念等方面更为紧密，在很大程度上受到美国和欧盟意识形态的影响，亲欧盟的反对党更容易获得选举优势；而青民盟等政党则在中小城市和乡村的选民中居于主导地位。因此，美国曾经在2017年启动过一个推动建立“农村地区的匈牙利独立媒体”项目，试图扭转这种局面，这也被青民盟批评为对匈牙利内政的干涉。

欧的复杂政情，客观分析其“民族民粹主义”政治，避免随意贴上“亲华”或“反华”的标签，就成为需要细致分析的重要命题。

首先，欧美民粹主义浪潮是其社会危机不断加深的反映。

民粹主义的崛起成为人们观察当今世界政治的风向标，它反映了处于危机中的欧洲社会正在发生某种政治转型，原来围绕着经济问题展开的左翼与右翼轮流上台的格局，逐渐演变为传统左翼与右翼所组成的主流政党与新兴的民粹政党的分庭抗礼，政治议题转变为对欧盟的态度、难民问题、性别政治问题等等。在西欧，很多民粹主义政党已经成为强大的反对党，而在中东欧则纷纷上台执政。德国的另类选择党短短几年内就崛起为第三大党，并在东德几个州的地方选举中成为几乎要打败执政党的第二大党；捷克ANO2011运动党短期内便崛起为第一大党，而传统的第一大党捷克社会民主党已经衰败为一个无足轻重的反对党。这种政治趋势成为导致欧盟政治撕裂的重要因素。

随着欧盟发展的困境及其经济状况的恶化趋势，欧盟内部富裕国家与相对落后国家的矛盾将会越来越严重，中东欧国家与欧盟在内政外交上的冲突也可能会越来越显性化。即使像哈贝马斯这种欧盟一体化的坚定拥护者也不无忧虑，他认为，“疑欧主义可以追溯到当下的欧盟不再能够代表所有成员国的‘多赢’的现实主义认识，‘输家’感觉受到糟糕的不公正的对待，而‘赢家’则试图避开前者的予取予求”。[①]因此，中东欧“民族民粹主义”的兴起在一定意义上是欧盟体制缺陷的产物，也是我们理解欧洲政治格局变迁的重要视角，但是基于国家利益视角而跳出民粹主义范畴也是必需的，这样才能够真正理解这些“民粹主义政党”崛起的现实背景。

其次，民粹主义是西方势力标签政治对手的重要话语武器。

尽管在理论分析上可以将上述趋势称为民粹主义浪潮，但需要同时警惕西方对民粹主义概念的滥用。西方“主流”媒体往往诉诸道义标准来批判政治对手，肆意地给对手扣上各种政治帽子，极右翼民粹主义就是一顶最

① Jürgen Habermas, New Perspectives For Europe, *Esprit*, Issue 5, 2019.

常用的帽子。在这个意义上，民粹主义势力在某种程度上相当于西方内部的保守力量，例如他们认为欧洲在接待难民问题上应该量力而行，在同性恋问题上不应该鼓励没有判断力的未成年人“自由决定”，这些声音足以被标签为蛊惑选民的非理性民粹主义。因此，西方“主流”媒体拒绝给予反对派的主张以任何的道德合理性，从而堵塞他们发声的任何可能性。正如马斯克在社交媒体上所说的，尽管过去十多年他本人的政治观点保持稳定，但在西方的政治光谱上，他已经从中间派变成了被不断指责的右翼，随着欧美“进步运动”的发展壮大，极右翼的边界在不断向左延伸，一些原来还能够被允许的中间观点慢慢被打上了异端标签。

正如著名研究者卡斯·穆德所说的，“尽管对民粹主义的争论相当火热，奇怪的是几乎没有任何权威理论试图解释民粹主义势力的兴衰成败”①，西方“主流”媒体炒作民粹主义话题，将西方社会的危机归咎为民粹主义政客的个人行为和动机，从而避免去正视其背后所体现的西方社会危机。随着欧盟内部危机的增长，更多国家倾向于采取更为独立自主的外交政策，为了维持内部的团结，越需要高举政治正确的大旗来压制内部反对意见，因此，那些被标签为民粹主义的势力，总是不断地做出否认和澄清，例如瓦鲁法克斯被认为是典型的民粹主义政客的风格，甫一上任，他就卖掉了前任财政部长购买的两辆豪华防弹公车，试图削减政府高官的工资，并且始终骑着摩托车上下班及办理公务。不过，瓦鲁法克斯一再否认民粹主义者这一标签，而是以批判右翼民粹主义的左翼进步主义者自居，号召通过人民的力量和民众的授权来推动欧盟政治的改变，“我们的斗争不是民族主义、民粹主义的，不会想要通过牺牲其他欧洲人的利益来改善自己人民的利益”。②在这个意义上，平民主义风格和路线可能越来越成为西方政治的一种潮流，但将之贴上民粹主义的标签应该更为慎重。

---

① Cas Mudde, Cristobal Kaltwasser, *Populism: A Very Short Introduction*. Oxford, Oxford University Press, 2017, p.97.

② 雅尼斯·瓦鲁法克斯：《房间里的成年人》，第371页。

最后，国内看待中东欧民粹主义问题时应注意对西方媒体所创造和强加的各种政治标签的审查和纠偏。

国内对民粹主义的研究基调受到西方学界影响，对民粹主义总体持质疑乃至全盘否定的态度，将之视为一种非理性的、极端排外的、不可信任的势力。问题不在于诸如特朗普式的民粹主义政治是否需要被揭露和批判，而是各种“民粹主义政治”本身是千差万别的，将其统一标签为民粹主义就容易导致政治误判。通过将“民主”与“民粹”简单对立，民粹主义话语已经成为西方敲打异己的概念工具，当其他国家选民选出了反西方的势力，并通过国家干预做出违背西方的决策的时候，他们的选举民主就变成了劣质的民粹式民主，而他们的经济政策也被刻画为违背市场经济的“权威主义”，对国家利益的合理维护则被称为极端民族主义，这种“非理性民粹”的负面印象很大程度上是被西方所操纵的，诸如委内瑞拉、玻利维亚等拉美左翼政府近些年积极与中国开展经济合作，在西方媒体中的形象基本上就体现为煽动选民的民粹政府。在这个意义上，民粹主义话语一定程度上成为西方的欺骗性话术，用于贬低和妖魔化一些坚持走独立发展道路的国家。国内媒体在评论国际政治的时候，对民粹主义、威权、民族主义等西方媒体所滥用的政治标签都应该进行慎重审查和纠偏。

各种政治标签在一定意义上成为欧盟打压内部反对力量的概念工具，也成为西方某些势力试图歪曲中国与中东欧关系的话术。在可预见的未来，西方媒体将继续炒作意识形态主题来妨碍中欧关系深化，而中国则需要通过专注于经济合作来消解意识形态的迷雾。中国与中东欧国家的双边合作也越来越引发美国的不满，在美国的话语权优势之下，中东欧国家在价值观念等问题上与中国的分歧将被炒作和放大，成为反对党塑造政治议题的工具，诸如立陶宛政府、捷克和匈牙利的地方议会等一些杂音将不断出现，并被西方主流媒体反复利用和炒作，过于关注或批驳这些杂音将会进一步激起其政治表演欲望。另外，中东欧的右翼政党政治并非不能批判，但在西方国家运用其话语权来混淆视听的情况下，要正视政治话术背后体现出的意识形态元素，避免受制于西方媒体非此即彼的简单框架。中东欧、南欧民粹主义政治的兴起背景主要还是经济问题，他们将欧盟视为新自由主义政策的代表，并且希望借助外部势力来走出经济泥潭，这种经济上的需要就成为中国与欧盟，特别是与中东欧的双边关系稳步推进的压舱石。

学术编译

西方政党与利益集团：表面关系还是结构嵌套？

艾林·H. 阿勒恩　等

"政治学评介"公众号平台编译①

编者按： 政党与利益集团的关系是什么？政党和利益集团的关系形成了支持和限制政治行动的结构，然而学界对于二者关系仍缺乏共识。作者提出了一种概念化尝试，将"联系"作为政党与利益集团结构化互动的手段，这与资源共享或转移以及意识形态上的亲缘关系有所不同。文中的概念讨论表明，组织联系形成了单一但层级分明的强度等级。作者在本文中提出的概念化与测量指标，也为我们研究利益集团间和政党间关系提供了不同的思路，值得借鉴。但作者并未就组织联系与资源转移、意识形态接近度等联系之间的因果关系予以研究，这将能成为未来对集团间关系和政党间关系研究的重点。

文章来源： Allern, E. H. et al., (2021). Conceptualizing and Measuring Party-Interest Group Relationships. *Party Politics*, 27(6), 1254 –1267.

期刊简介：《政党政治》（*Party Politics*），2022年影响因子为2.829。

---

① "政治学评介"公众号于2021年8月成立，旨在为广大政治学同行提供一个思想交流的平台，现已发展成为联系着数百名政治学同仁和青年学子的共同体。平台创立以来，遵循"立足中国，放眼世界"的学术宗旨，通过所设置的"顶刊译评""研究传递""学术争鸣""政评学堂"等栏目，积极为广大学人带来最前沿、最一流的政治学等相关领域的研究成果和资讯。本文感谢北京外国语大学袁田西竹、张词含以及牛朝佳在翻译和审校上的贡献。

作者介绍：本文由挪威奥斯陆大学政治学系教授艾林·H. 阿勒恩（Elin Haugsgjerd Allern）以及另外五位来自不同国家和机构的学者合作完成。

【文章摘要与内容导读】

政党与利益集团的关系有着深刻的历史根源。"群众党"概念的一个重要特征是他们与有组织的利益集团有很强的组织联系。"群众党模式"是指在组织上与特定的有组织的利益集团融合甚至产生于其中的一种政党类型。后来，这些传统联系下降了，允许集团保持灵活性和行动自由的临时接触对越来越多的政党和利益集团变得更加有用。但近期研究表明，新旧政党都定期与当代政治中的众多利益集团互动。组织联系仍然为政治影响和决策提供平台。政党与集团的关系形成了能塑造、促进和限制政治行动的结构。因此，理解这些关系的性质和后果对于认识政治世界至关重要。

然而，既往研究对不同政治体系和政策部门之间这些关系的性质、原因和后果知之甚少。造成这种情况的一个原因是学界对核心概念的含义缺乏共识。虽然个别政党和利益集团通常被描述为"一致""相互联系""捆绑"和"联系"的组织，但在理论上和实践中这意味着什么并不清楚且有争议。本文旨在澄清这种概念上的歧义。因此，本文将在理论上和经验上回答政党与利益集团的关系由哪些属性构成。本文将"关系"（the relationship）定义为连接参与者的桥梁，并将"联系"（ties）一词视为在双方之间建立某种联系的各种属性。

本文重点放在作为结构化互动的联系上。这种联系不同于资源的共享或转移以及意识形态亲近度这类联系。此外，本文在概念上区分了组织联系和基于问题的联系。本文还制定了将相关概念属性与经验观察联系起来的方法，以绘制各国组织联系的强度。通过上述方式，本文能够检验弱（不太正式）联系是否为对缺乏较强（正式）联系的补偿，或者弱联系与强联系是否更愿意相互补充。这个问题在历史上可能存在争议。最后，在经验上，本文检验了政党和利益集团的关系、作为结构化互动的概念化和作为其他概念化的相关性。

因此，本文从经验上回答了三个具体的研究问题。第一，利益组织与政党之间的互动在多大程度上是基于组织联系的？第二，结构化互动关系是一维现象吗？第三，不同类型的联系（如互动、资源和意识形态）的概念性区别在经验上是否成立？实证分析在很大程度上证实了本文的概念图。它表明结构化互动是一维现象，但存在一个关系的层级，并且组织关系与资源供应或意识形态接近度方面的关系不同。

一、概念化的挑战

是什么构成了“利益集团和政党之间的关系”尚不清楚，且存在争议。希尼（Heaney，2010）将政党与集团关系视为政党和利益集团如何作为“掮客”（brokers）相互竞争；还有学者根据从属关系、联盟和政治吸纳等方面确定政党战略与利益集团的关系；此外，还有学者主要关注针对政党的集团的游说策略：同其他政治行为者或机构的互动相比，与政党或议会团体进行基于问题的联系的相对重要性受到了关注。

从词汇上来说，“关系”意味着“联系”或“关联”，而“关联”则是一段关系中连接或约束参与者的东西。在本文的其余部分，我们以这种方式理解“关系”。可以通过不同的方式来增强关系，本文称之为“联系”。具体在本文则指的是政党和利益集团之间的联系。那么，政党与集团的关系就能以不同的方式被概念化。表1总结了政党与集团关系的一些最常见的替代理解和表现形式，即“联系”：互动、资源和意识形态。

表1　国家层面政党与利益集团关系的替代性展现

关系类型	互动型	资源型	意识形态型
关系举例	行政职务给予、联系人委员会、常规化（精英）会晤、领导层重叠与相互借调	资源捐赠、人力借调、共享资源池、信息供给与分享	意识形态相近性、根深蒂固的“敌我观念”

来源：Allern and Bale（2012，2017）

第一，对互动的强调可以追溯到比较政治学的基础。在早期尤其是制度主义文献中，利益集团的组织联系是焦点。根据迪韦尔热（Duverger）的说法，最紧密的联系体现在利益集团组织成员通过工会集体加入的政党上。后来关于社会民主党的文献表明，个别政党和工会也可以通过联络委员会、领导层和成员的重叠和互换以及广泛的共同集体活动等方式紧密联系起来。较新的研究则十分关注能确保定期互动的联系。

第二种共识强调资源的供给或共享，包括资金、物质支持以及信息。这种共识可以追溯到社会民主党和工会之间关系的早期研究，但在最近的研究中也得到了回应。在美国，利益集团参与竞选活动和党派金融会被视为政党作为组织的正式自主权减弱的迹象。在一些研究中，政党不再主要被视为法定实体，而是组织网络，以及将捐款的利益集团当作该网络不可或缺的一部分。诸如信息之类的非有形资源的共享也被作为“网络”的政党与集团关系的一个可能组成部分。然而，在调查与除美国以外的更强大、更不易渗透的欧洲政党与利益集团关系时，将政党和利益集团视为分析上不同的参与者似乎是合适的，因为它们通过资源共享和提供而联系在一起的程度有所不同。

第三，通过指向意识形态亲缘程度，“关系”作为联系经常应用在非具体的意义上。在利益集团的相关研究文献中，关于利益集团倾向于在特定问题上游说他们的“朋友”还是“敌人”的辩论也呼应了意识形态联系的概念。

本文的其余部分关注结构化互动方面的关系，这种关系是民主“基础设施”的一部分，并且与政治的输入和输出都相关。

二、作为结构化互动的关系

结构化互动是一种特定的关系，通过不同类型的组织联系表现出来。从这个意义上说，本文的方法与政治网络分析相呼应：已建立的关系是对个体行动者行为的限制。也就是说，本文仍然假定政党和集团在一开始就选择他们所希望的与他人的结构化关系的程度，也因此在组织上相互依存。

由于本文重点关注互动，因此能影响共同决策、规划和活动协调或仅涉及政治问题交流的关系是我们关注的焦点。本文的问题是，如何区分基于结构化互动的关系和在特定问题上频繁接触的关系？如何测量从综合组织结构和正式联盟，到由非正式惯例和人员重叠及调动造成的松散联系？

第一，关系意味着某种程度的持久性，这与政党和利益集团之间的零星接触不同。第二，关系意味着一定程度的惯例，因为这些互动不会随机发生或仅仅与特定问题相关。相反，它们是组织惯例的结果，可能会也可能不会正式化。关系的存在需要最低级别的结构。我们的目标是获取确保稳定访问的联系，而不是仅在单个时间点、关于特定问题的孤立互动，或者仅仅是此类联系的总和。

第三，可以根据正式化程度对联系进行区分。高度正式的联系比非正式的更难终止，如联合政策委员会。例如，挪威工党和工会联合会之间的“合作委员会”（Co-operation Committee），一个多世纪以来，高层领导人定期开会讨论重要的政策问题。另一方面，不太正式的关系也可能表现出实质性的组织成分，这可能会增加终止的政治成本。如果它们包含有关政党与组织的特定官员定期会议的“默认协议”，它们也很难取消，因为这不可避免地使政党与特定利益集团之间的关系成为一个高度可见的公共问题。不具有“官方峰会”特征的政党和利益集团领导人的定期非正式会议也很重要，因为组织结构必须投资和生存，且一些政党和集团可能只想建立这种联系。由于这种联系不涉及特定的现任者，所以它们不太明显，因此更容易终止。我们假设有一个潜在的连续统一体，范围从强关系（正式的；书面的或官方的）到弱关系（非正式；非官方：如无特定现任者）。

因此，将关系定义为连接决策机构、总部和/或决策者或工作人员的联系，即政党和利益集团可以反复互动的方式。此后，将使用政党和利益集团之间的组织关系一词来表示研究对象。基于这种联系，一对政党和集团构成了组织对偶，但二者都与政党/集团一方的多个参与者相联系。

如上所述，组织联系的强度主要反映了联系的正式化程度或结构化程度。联系创造了这样的结构，例如利益集团与政党的集体隶属关系、联络委员会或定期邀请参加政党/集团活动的惯例。此外，如果联系是定期的和规范化的，则不太正式或纯粹非正式的接触是可预测的和结构化的。因此，联系能以不同的正式化程度为特征，从而制度化。那么我们就可以区分法定联系、组织间联系和非正式联系。

法定联系从定义上来看是持久的，可以是互惠的或单向的，可以包括领导机构中的集体成员或保留席位。例如，工会领袖可能坐在工党的国家主管位置上，或者有权代表他或她在领导竞选中的成员资格进行投票。联合党组安排是组织间联系最有力的例子。它们也是持久的且互惠的，而其他的诸如安排的磋商或定期的大会邀请在本质上是单向的和偶尔的（与事件相关）。与持久的联系相比，这种联系在本质上更容易与多个参与者建立，因为它们成本较低。

然而，政党和组织可以为其精英之间的定期会议制定例行程序，而无需调用任何正式的政党组织机构。只要他们以官方角色开会，这些仍然是正式会议，因此被包含在组织间联系中。一旦此类会议只是非正式的，那么它们就会与人员一同被归入非正式联系中，即党内精英在利益集团中担任职位，反之亦然。虽然后者与框架和活动无关，但它们仍然为决策者之间的互动提供了多种机会。

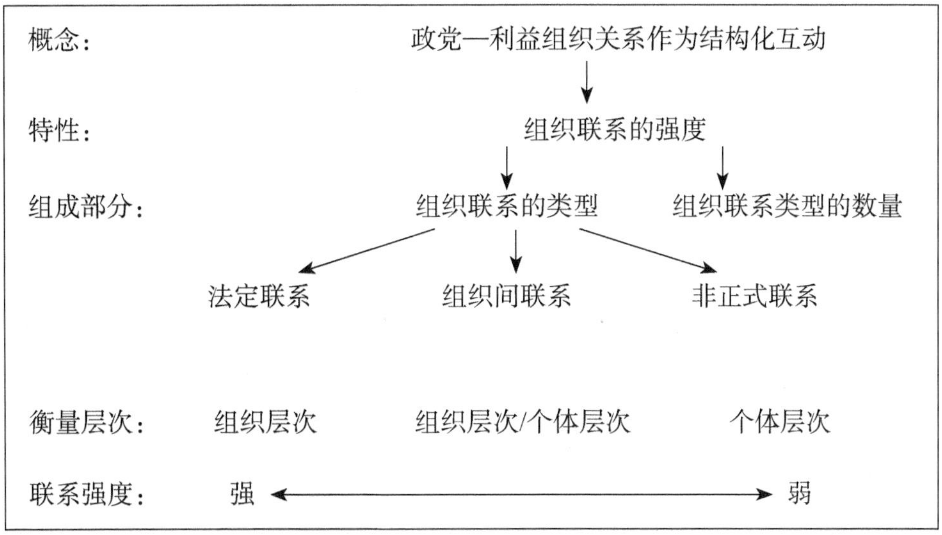

图1　政党和利益集团的关系作为结构化互动

图1总结了作为各个政党与集团之间结构化交互的关系的概念的总体结构。我们假设有一个关系的层次结构，并且关系的数量对于组织关系的整体强度很重要。结构化互动的具体属性有：

(a) 最正式的：法定联系（图1左侧）

(b) 不太正式的：组织间联系（图1中间）

(c) 非正式联系：没有特定组织角色的个人（图1右侧）

为了捕捉属性的不同组成部分，需要依赖多个组织指标（如是否存在联合的政党和集团安排）以及行为指标（如定期高层领导接触）。前者确保我们不低估制度化程度；后者将捕获较弱的关系。然而本文专注于那些担任正式角色的人，而不是寻求纯粹的非正式关系。因此，本文分析了组织精英之间的互动，因为他们在政治上受命代表他们的组织。

为了评估强度的总体水平，即制度化，必须计算联系的数量并考虑联系的类型：从最强的（最正式）到较弱（不太正式/非正式）的联系（见图1）。然而，它们并没有形成一个单一的尺度。联系的主要类型之间的区别也意味着关系的不同基本类型。首先，假设多维性是合理的，从历史上看，较弱（不太正式）的联系已被视为缺乏更牢固的（正式的）联系的替代和补偿。同样，基于领导层重叠的联系被视为更喜欢正式自治但仍保持密切关系的工具。在这里，非正式联系被认为是为了创造一种“有机联络”。如果不同类型的联系不相关，那么可能需要不止一个维度来分析关系。

不同的联系可能相互补充。因为拥有强（正式）联系会增加拥有较低级别联系的机会。这样做的原因至少有两个：首先，将正式承诺的人排除在不那么“排他性”的安排之外似乎是不合理的，即使他们可能比其他人更不需要这种联系。其次，如果政党和集团的代表定期在正式场合会面，那么他们也经常有机会参加走廊对话等非正式会议。因此，我们希望联系形成一个单维/一维的但层次分明的强度等级：

维度期望：具有更正式（更强）组织联系的二元组往往也具有较弱的组织联系，而具有较少正式（弱）联系的二元组不一定具有更强的联系。

本文还认为，结构化互动不同于物质资源的提供或共享以及意识形态的接近，因为组织联系可能在没有资金联系和意识形态联系的情况下存在，反之亦然。例如，政党和利益集团以结构化的方式互动，不涉及资金或者在意识形态上不接近。可以肯定的是，密集的资源供应和政策调整使组织联系更有可能，但它们在逻辑上并不相互依赖。信息网络不一定需要正式的组织联系。经验上来看，预计不同类型的关系不会强相关，因为不同类型的关系反映了不同的潜在维度；它们不仅仅是同一现象的指标。为了验证概念图，将检验物质资源、意识形态接近度和组织联系之间不存在强正相关，是否在经验上成立。

三、研究设计

为了检验理论预期，本文专注于成熟的民主国家，以便比较具有相似历史前提但处在不同制度环境的政党。使用新的、跨国的利益集团调查数据集，以便理解丹麦、法国、德国、荷兰、挪威、英国和美国的集团与政党的联系。[①]这些国家在政党财政制度（例如国家财政水平和监管程度）、社团主义/多元主义水平以及单个政党控制政策制定过程方面是不同的。这些方面都可能影响利益集团和政党建立关系的动机。

（一）样本和调查数据

每个国家/地区的随机样本是从利益集团中确定的人数中抽取的。在创建利益集团抽样框架时，依赖所有国家/地区现有的国家利益集团数量目录和名单。为确保覆盖相当数量的关键参与者，添加一个目的样本，其中包括与具体政策和政治分歧密切相关的八个更广泛类别中的十个“最重要的利益集团”。向利益集团询问了他们与本国所有相关政党的联系，即在最近三次选举中有一次或多次在国会拥有代表席位（至少一个席位），并在三次选举中至少有一次获得超过1%的选票，或在最近一次选举中获得超过2%的选票但没有席位的政党。

显然，识别政党和利益集团之间所有的现有联系是不可能的。因此，选择讨论双方的中央组织或总部和立法党团体及其领导层之间的关系。

为收集数据，本研究对样本进行了在线调查。2944个利益集团中有857个做出了回应。与之前的利益集团研究一样，各国的响应率各不相同，但响应率差异较小。我们不断观察总样本和目的样本，看看当我们放大与政党政治高度相关的主要组织时，这些联系是否不同。

分析单位是利益集团方报告的成对的单个利益集团和政党及二者关系。我们无法从政党一方的报告来验证这一点，但可以合理地假设集团没有隐藏太多信息，因为调查问卷在本质上是非常技术性的，并且受访者被保证是匿名的。高度差异和大量有效回答表明，总体上调查问卷效果良好。

① 当代民主政体的政党—利益集团关系，即“Party-Interest Group Relationships in Contemporary Democracies”（PAIRDEM），见https://www.sv.uio.no/ isv/english/research/projects/elin-allern-pairdem/index. html。

（二）操作化

本文有一个理论驱动的测量策略。分析目标由两部分组成：首先，当涉及结构化互动时，本文旨在分析具有不太常见、更正式（更强）联系的二元组是否也具有更常见、不太正式（更弱）的联系（维度期望）。因此，测量组织和个人层面的联系（根据定期的领导层联系）。其次，本文试图评估利益集团和政党之间不同类型的关系在多大程度上不仅在概念上而且在经验上也是不同的。

为了具体操作结构化互动，本文使用了两个指标。第一个指标是由在组织层面衡量的组织间联系形成的，即集团与政党中央组织和/或立法团体之间是否存在共同安排、协议和定期活动邀请等一般组织联系。法定关系被排除在外。第二个指标由个人层面产生的联系构成，即各集团与政党的中央组织和立法团体之间的定期最高领导层联系。这两种情况都会计算总联系分数。本研究不考虑非正式联系，因为这些需要有关整个精英世界的数据和传记数据。

为了实现资源的供应或共享，专注于可以从集团转移到政党的有形物质资源，在PAIDEM数据集中，集团会报告他们是否提供了直接资金捐助、间接资金捐助，或者他们是否在竞选期间向特定政党提供了劳动力、物质资源或组织场所。我们从这些项目中构建了一个五项量表—集团捐赠。

为了测量政党和利益集团之间的意识形态接近度或距离，我们需要两者的信息。PAIRDEM调查要求各集团将自己定位在六个11点量表上。三个关注“新政治”问题：环境、移民和社会生活方式。三个关注“旧政治”经济问题：政府干预经济、再分配以及在低税收或更好的公共服务之间做出选择。调查受访者获得了CHES的政党立场，因此他们可以相对于政党定位他们的集团，以避免差异项目功能问题，并将利益集团的自我定位与CHES定位直接比较，以计算六个问题维度上的绝对政党—集团距离。[①]

① 如果兴趣组在相关维度上没有位置，则从分析中删除条目。

（三）分析的方法及结构

如上所述，分析单位是集团—政党二元组。[①]首先，确认不同的联系有多广泛，频率模式是否反映了联系的理论层次结构。下一步，使用Mokken标度作为测量模型来检查维度。该方法属于与项目响应理论（IRT）相关的技术，非常适合本文分析目的和二元变量：它测试响应是否形成一个单一的层次尺度。

理论预期是，在组织层面，联系更紧密（不太常见）的集团也会有更弱（更常见）的联系：如果集团与某个政党有常设联合委员会，他们也会邀请该政党参加他们的全国代表大会。在评估可扩展性时，我们使用以下基准值 (H)：低于0.3（非常差）、低于0.4（差）、低于0.5（中等）、低于0.6（好）、高于0.6（非常好）。

根据结果计算出一个指数，标记为组织层面联系的强度。接着对两个不同的最高领导层接触项目进行相同的处理，看看这是否与预期组织层面的总联系分数密切相关（即组织层面的联系在个人层面培育了这点），并用尺度分析确认了此模式。最后，检验这些确保结构化互动的联系措施与资源供应和意识形态接近度的措施之间的相关性，以了解概念是否不仅在分析上而且在经验上也是不同的。

（四）结构化互动：实证结果

首先，考察集团是否报告了与政党互动的组织安排和惯例（表2）。[②]在总样本中，这些联系很少：低于1%的集团报告了最不常见的联系（关于单边/相互代表的默认协议），而13%的集团报告了最常见的联系（被邀请参加集团大会的政党）。在目的样本中，与预期一样，这些联系更常见。

① 由于团体数量众多，不存在有关与个别利益团体关系的政党调查数据。

② 使用的调查内容是："首先，我们想了解该组织是否有任何联合安排、协议或其他有组织的例行程序与国家层面的各方联系。随着时间的推移，这些联系实现并且可能会发生波动，我们希望您不仅要考虑目前的情况，还要考虑过去几年的情况。您的组织在过去五年中是否与一个或多个政党的中央组织和/或议会党有以下类型的联合安排或协议？存在的时间有多长？"

表2　组织间联系（组织层面）

样本	全样本		目的抽样样本	
变量	H	%	H	%
双方默许一方同时代表两方的协议	0.54	<1	0.62	2
定期会议的书面化协议	0.43	<1	0.45	2
永久性共同委员会	0.54	1	0.54	5
临时性共同委员会	0.40	3	0.52	9
政党—利益集团共同会晤	0.39	3	0.41	9
政党—利益集团共同行动	0.43	3	0.30	12
利益集团受邀参加政党全国代表大会	0.44	5	0.45	21
双方定期会晤的默许协议	0.51	6	0.46	24
利益集团受邀参加政党内部会议	0.55	8	0.55	31
政党受邀参加利益集团内部会议	0.51	11	0.45	36
利益集团受邀参加政党特殊会议	0.54	11	0.57	39
政党受邀参加利益集团特殊会议	0.54	12	0.52	36
政党受邀参加利益集团全国代表大会	0.48	13	0.44	41
H	0.49		0.48	
均值	0.78		2.61	
中值	0.00		2.00	
标准差	1.73		2.75	
最小值	0.00		0.00	
最大值	13.00		13.00	
N	4474		625	

从表2中的H值可以看出，这些项目构成了两个样本的中等强度量表。由此产生的量表具有强烈的左偏分布，总联系分数从0到13（见表2底部）。少数集团和政党二元组得分高并且拥有所有可能的关系，有些得分中等，但大多数得分较低，甚至没有一些较弱的关系。平均而言，总样本中的集团所报告的与每个政党的联系少于一种，而目的样本中的集团所报告的平均多于两种。

下一个问题是集团是否报告了该集团与个别政党之间的定期最高领导

层会议。[①]表3分别报告了与中央党办公室（CPO）和立法党派（LPG）的这些联系。与CPO的联系不如与LPG 的联系常见。平均而言，集团报告了与1/10的CPO及1/7的LPG有联系。在目的样本中，这种联系更为常见。有目的选择的集团报告了与1/3的CPO和2/5的LPG 有联系。这些项目形成了很好的尺度：与某些LPG有联系的集团也报告说与该政党的CPO有联系。

表3　定期化高层领导联系（个人层面）

样本	全样本		目的抽样样本	
变量	H	%	H	%
高层联系—利益集团与党中央联系	0.88	9	0.85	28
高层联系—利益集团与政党立法部分联系	0.88	13	0.85	39
H	0.88		0.85	
均值	0.11		0.33	
中值	0.00		0.00	
标准差	0.29		0.43	
最小值	0.00		0.00	
最大值	1.00		1.00	
N	6058		1126	

最后一个问题是组织层面的紧密联系是否会排除或培育最高领导层的联系。组织间联系量表和领导层联系量表所测量的方差是否相同？本文发现，组织间联系与最高级别的领导层定期联系之间存在很强的相关性（见表4）。在这两种样本中，高层领导的定期联系与组织联系之间都存在很强的相关性。具有组织联系的集团和政党的领导层也倾向于在个人层面定期互动。为了验证，我们还做了尺度分析。最高领导层联系得分量表和组织间联系量表的组合量表H值为0.51。这意味着这两个项目符合组织间联系量表的层级结构。在层级结构中，领导层联系与非正式联系属于同一范围。

① 使用的调查内容是："请说明该组织的执行领导层的代表是否在过去12个月内定期与一个或多个政党的主要人物接触，以讨论当前的政治相关问题。"是否"定期"是指会议数量众多且正常化。因此，该内容测量的是政党和团体个人层面的联系。

这证实了在组织层面所揭示的关于正式化的内部模式。因此，维度期望得到了实证支持。

表4　不同形式联系衡量方式的相关性

	意识形态距离							
	领导层联系总体得分	捐赠	服务与税收	再分配	国家干预	社会生活方式	移民	环境
全样本								
组织联系的强度	0.65***	023***	−0.13***	−0.08***	−0.07***	−0.08***	−0.04	−0.11***
领导层联系总分	—	0.14***	−0.10***	−0.15***	−0.08***	−0.06***	−0.06***	−0.08***
捐赠		—	0.02	−0.05**	−0.05***	−0.02	0.04	−0.03
目的抽样样本								
组织联系的强度	0.62***	0.24***	−0.25***	−0.18***	−0.20***	−0.10*	0.04	−0.21***
领导层联系总分	—	0.11***	−0.12***	−0.23***	−0.13***	−0.06	−0.12***	−0.11***
捐赠		—	0.05	−0.10**	−0.10**	−0.04	−0.05	−0.07***

*p＜0.10，**p＜0.05，***p＜0.01。

四、结构化互动在经验上与其他概念不同吗？

这一贡献的核心思想是，基于资源的转移或共享和意识形态的接近度，结构化互动不同于利益集团和政党的其他可能的关系（见表1）。在介绍不同变量之间的相关性之前，我们首先检查这些变量的描述性分析和诊断。

首先，我们分析物质资源。我们向集团询问了五种类型的捐赠，包括金融支持和物质支持（见表5）。这些直接的资源交换极为罕见：在总样本中只有1%，在有目的样本中只有3%。捐赠一种资源的集团也会捐赠其他类型的资源。组合量表在很大程度上是偏态分布的：总量表中均分为0.02，有目的性量表中均分为0.08（见表5）。

表5 物质资源：集团捐赠

样本	全样本		目的抽样样本	
变量	H	%	H	%
直接财务捐赠	0.64	<1	0.64	2
间接财务捐赠	0.59	<1	0.61	2
提供人力	0.50	<1	0.50	1
提供物质支持	0.62	<1	0.65	1
提供场所	0.68	<1	0.68	1
H	0.60		0.54	
均值	0.02		0.08	
中值	0.00		0.00	
标准差	0.23		0.48	
最小值	0.00		0.00	
最大值	5.00		5.00	
N	4719		1063	

其次，我们分析意识形态的接近度。在这里，我们不看规模，而是关注上述六个教堂山政策维度中的专家安置与集团自我安置之间的距离：其中三个是经济性质的，其中三个涉及“新政治”问题。二元组在最大距离和完全接近度之间有所不同。表4阐明了目的样本和总样本之间的相关性，我们将重点放在对总样本的讨论上。

如上所述，作为结构化互动的指标，组织间关系和高层领导联系二者具有很强的相关性。相比之下，其余的相关性非常微弱以至于可忽略不计。21个相关性中有5个不显著。捐赠与其他衡量关系强度的指标之间的相关性比较弱。这反映了捐赠这一尺度的强左偏分布现象。在存在捐赠的少数例子中，总存在某种组织联系；而在存在组织联系的大多数例子中，集团不向政党提供物质资源（98%）。高层领导人联系模式很相似但较弱。相关性往往很显著，且朝着预期方向发展，但较弱。在提供资源的大多数例子中，存在定期高层联系（71%），但只有3%的高层领导人联系中，集团会向政党提供物质资源。

意识形态接近度与组织间联系强度、定期高层领导人联系或捐赠不太强相关，相关性很弱。意识形态距离的1/3相关性不显著，这表明意识形态接近度、资源联系和互动联系在经验上是截然不同的。

总之，我们期望，结构化互动和政党—利益集团关系的其他操作化之间的相关性在经验上是截然不同的。而这一期望得到了数据支持，即分数之间具有正相关性但不强。

五、结论

本文首先回顾了政党与利益集团关系如何在不同文献中被概念化及测量。本文重点关注组织互动，并认为这不同于其他关系的变体，如资源分享、意识形态一致性。这种结构化互动在分析上不同于游说主义，即就特定问题进行临时接触。此外，我们认为组织联系可能形成一个单一/一维的但有层级的强度等级。总之，基于新数据集的实证分析在很大程度上证实了我们的概念图。首先，较强的（正式）联系很少见，但往往与集团和政党较弱和更常见的（非正式）联系一同出现。这表明结构化互动是一种一维现象。其次，组织联系在经验上有别于基于资源提供或意识形态接近度的关系。

我们的发现对未来的研究有多重影响。这种一维却有层级的结构表明，不同的联系受到相同因素的刺激。但与较弱的联系相比，建立更牢固的联系可能需要更多的资源。是否仍然存在某些因素的重要性因制度化的不同程度而异？正式关系本身会不会培育出较弱的关系？未来的解释性分析应仔细考虑这些问题。

此外，我们文献综述中提出的不同的关系概念应该得到区分。另外，组织关系并不意味着意识形态上的友谊关系，反之亦然。意识形态相近却可能是政治敌人，因而在组织上完全不相关。

关注结构化互动的变化，我们的分析表明，意识形态上接近的集团和政党不会“神奇地”发展组织或领导层联系。此外，如果存在领导层联系或组织联系，集团不会主动将资源转移给政党。政党和利益集团能相互提供的各种资源应被视为二者之间结构化组织联系的可能解释因素或结果。测量组织联系与协作、资源转移或供应以及意识形态接近度的变量之间是否存在因果关系，是未来实证研究的重点。我们的研究结果也与政治网络的相关文献有关，它们证实，许多政党和利益集团通过建立制度关系的方式相互依存。

无论如何，如果我们想更好地了解不同政治体系的政策输出和制定，就需要更多地了解当代政治中的这些组织结构。我们的分析表明，应该继续在政党和利益集团研究领域中架起桥梁。在分裂侵蚀的时代，现代欧洲民主国家的政党和利益集团之间存在相当程度的结构化互动和组织上的僵化互动。如果我们想了解政党和利益集团政治的运作，就必须绘制和理解这些关系的内在机制。

适应或淘汰？如何应对政党体系饱和状态？

马克·范德沃特　阿扬·文维特鲁斯特金

“政治学评介”公众号平台编译[①]

编者按：政党如何应对日渐激烈的选举竞争？是主动适应还是被动调整？本文运用组织生态理论，说明政党在激烈竞争中进行的一系列抉择，例如是否或如何调整竞选策略，是否会在政策纲领中增加利基性以维系基本盘选民，是否会缔结选举同盟或实行政党合并。本文实证分析了21个西方民主国家从1945年至2011年间所有的民主选举，认为当政党体系愈加饱和时，政党间将更多地组建选举同盟，而非退出竞争；此外，小部分老牌政党将被合并。在证实了政党组织具有组织生态学理论中的相对惯性和结构性惯性的基础上，本文认为政党适应环境变化的能力有限，而这一限制将对政党制度转变和选举模式产生潜在影响。本文结论对政党制度变化和选举竞争模型的研究具有重要意义。政党制度变化的惯性力量表明，政党参与竞选与否可能存在比现有政党体系调整更重要的机制。

文章来源：Van de Wardt, M., & van Witteloostuijn, A. (2021). Adapt or Perish? How Parties Respond to Party System Saturation in 21 Western Democracies, 1945–2011. *British Journal of Political Science*, 51(1), 16–38.

期刊简介：《英国政治学杂志》（*British Journal of Political*

① 感谢赵陈双、黄臻泽以及袁田西竹在文章翻译和审校上的贡献。

Science），简称BJPS。影响因子为5.615。

作者介绍： 马克·范德沃特（Marc van de Wardt），阿姆斯特丹自由大学经济、族群、治理和社会学院助理教授；阿扬·文维特鲁斯特金（Arjen van Witteloostuijn），阿姆斯特丹自由大学经济学院院长、教授。

【文章摘要与内容导读】

在许多西方民主政体国家，政党体系日益不稳定的现象引发了如何应对选举愈加碎片化的讨论。选举碎片化意味着意识形态供给多元化，愈发激烈的竞争将迫使一些政党日渐式微，增加政党结盟难度并给联合政府的运转带来负面影响。尽管如此，学术界有关政党如何应对日趋激烈的选举竞争的研究仍然有限。

作者创造性地使用政党体系饱和度（Party System Saturation, PSS）这一概念来衡量政党竞争的强度。当比预计还要多（少）的有效政党参与选举竞争时，政党体系就处于过度饱和（未饱和）状态；而有效选举政党数量通过选举系统容纳度、政党体系议程的容纳空间、选民偏好三个维度来衡量。这一概念也考虑到某些政党体系可以容纳更多政党的情况。

之前的研究表明，政党体系过度饱和将导致政党被淘汰，具体表现为政党退出选举。作者将证明政党是否会适应政党体系过度饱和的现象，具体分为四种表现形式，即主流政党是否会进一步增加政策纲领的利基性来应对压力，已结盟的政党之间是否将继续保持同盟关系，未结盟的政党是否会结盟，政党之间是否会合并。作者认为政党合并只是政党部分的退出策略，是为潜在的适应。

作者和拉维（Lowery et al., 2010、2013），范德沃特、贝尔库特和韦尔默朗（van de Wardt, Berkhout and Vermeulen, 2016）一样，运用组织生态学理论，认为政党的存续依赖于共享的政治资源，例如选民、党员、资助者等，所以政党参与或退出竞争取决于相同类型的政党在整个系统中的数量。政党具有相近惯性和结构惯性的特征，往往对周围环境变化的反应较为迟缓，而且主要是对边缘而非核心结构做出调整以适应政治环境的改变。

基于这些行为的预测与空间模型相互呼应，作者认为处于有限理性状态下的政党在外部环境发生变化后的第一反应并非是应对这些变化，而是对他们权力的增减做出反应，例如选举失败、处于政府反对党的地位；而且调整的范围局限在政党意识形态允许的范围内。

在文献回顾的基础上，作者列出了当政党体系饱和度增加时产生的四种假设情况：

假设1：主流政党将在政党的意识形态中增加议题的利基性；

假设2：政党更有可能组建选举同盟，避免退出同盟现象的发生；

假设3：政党更会选择合并；

假设4：将核心变化与外围变化区分开来，认为主流政党不会在政党的意识形态中增加议题的利基性，以及政党不会合并（属于核心变化），而会通过组建或解散同盟的方式（外围变化），适应竞争环境。因此，当假设2得到支持而假设1和3被拒绝时，假设4得到了证实，组织生态学理论也得到了支持。

本文选取了21个西方民主国家的522个政党在357次战后选举的数据，检验上述假定。结果表明，当政党体系饱和度（PSS）增加时，政党加入选举联盟的可能性更大，退出选举联盟的可能性更小，并且小部分成立时间较长的政党将合并。这一结果证实了惯性假设（假设4），因为它符合组织生态学和选举竞争的有限理性模型。

一、理论和假设

组织生态学理论和政党体系变迁

组织生态学理论在组织研究和社会学中得到了广泛的运用。组织生态学理论提出组织单位为共同的稀缺资源而竞争。因此，某一组织的进入和退出很大程度上取决于参与竞争的组织的数量。该理论承认针对竞争压力做出相应的调整有助于组织生存，但认为深层次且成功的调整很少见，因为组织抵制核心变化，调整时往往为时已晚。因此，政党之间的资源竞争将导致更多的政党退出（或被新政党所替代），这意味着政党体系的变化主要是通过宏观层面的竞争选择而不是微观层面的调整。

为了检验这些观点，第一步需要界定PSS的概念，即有效选举政党数量（the effective number of electoral party, ENEP）与组织生态学家所称的政党体系的“承载能力”之间的差额，承载能力被定义为在某一环境中能维持生存的最大组织数量。对于政党而言，体系承载能力等于预估的有效选举政党数量，是根据一个国家的选举规则、碎片化程度、政治议题的多样性及政党间互动等因素来测量的。当比预测结果更多的有效选举政党参加选举时，政党体系就处于过度饱和状态。

组织更多是受其环境内资源的约束，而不是在体系内增加可用资源。尽管愈加激烈的竞争可以动员新的积极分子和捐助者，但选举制度和固定的投票上限对政党获取更多资源施加了严格的约束。更重要的是，拉罗兹（Laroze，2019）的研究表明，新政党的成功进入与上一次选举中某些政党的退出直接相关，这就证明了政党体系具有有限的承载能力。①政党和其他组织一样具有相当大的惯性，因为政党是通过意识形态、共同的目标和组织条例，由领导者和成员组成的组织。因此，作者将讨论政党是否会适应PSS。

核心改变 vs 边缘改变

以政党战略、选举前成立政党联盟和政党合并为代表的理性选择模型，总结了政党对政党竞争的三种回应方式：（1）主流政党是否会增加政策纲领的利基性，（2）政党缔结选举同盟，或者（3）实行合并。然而，

① Denise Laroze, “Party collapse and new party entry,” *Party Politics*, vol. 25, issue 4(2019), pp. 559–568.

组织生态学理论认为政党因具有结构性惯性和相对理性，在应对竞争时只能进行边缘改变（例如建立联盟），而非发生核心变化（例如实行利基战略或合并）。

核心变化是对组织既定目标、权力安排或根本竞争策略的调整。一个政党的核心由其意识形态、内部权力平衡和基本盘选民构成。边缘改变涉及调整组织与外部环境的联系方式，旨在保护其核心免受环境冲击并缓解不安全感。例如：政党竞选战略和新闻发布。作者认为增加政策纲领的利基性和政党合并属于核心变化；而组建选举联盟不需要改变政党核心意识形态和组织架构，属于边缘变化。但此三项假定并非详尽无遗，由于数据的限制以及无法在一篇文章中评估所有潜在的回答这一简单事实，本文将重点放在以下三个回答。

利基假定

第一，当政党竞争中非经济议题日渐突出、经济议题逐渐减弱时，政党将增加政策纲领的利基性以应对PSS。作者认同了梅吉德（Bonnie M. Meguid）在2005年发表的文章观点，认为不同于传统的以阶级为导向的政治议题取向，利基政党优先考虑跨领域问题，[①]而主流政党大多都聚焦于与经济相关的传统“左—右”的政治分野。

为什么利基战略是政党应对激烈竞争的理性措施呢？范德沃特等已经提供了经验证据，在过度饱和的选举中，政党以某一特定的选民团体为目标，与竞争对手区分开，吸引目标选民的选票，结果表明利基战略可以保护政党免于被淘汰。[②]空间博弈论选举模型同样认为，当有效选举政党数量（ENEP）增加时，政党体系中的政党在竞争中更加差异化以获得选票。

利基战略并非没有成本。获取新的选票在一定程度上可能会失去在某

① Bonnie M. Meguid, “Competition between Unequals: The Role of Mainstream Party Strategy in Niche Party Success,” *The American Political Science Review*, vol. 99, no.3(2005), pp. 347–359.

② Marc van de Wardt, Joost Berkhout, and Floris Vermeulen, “Survival of the Fittest. Comparing Party Entry and Exit among Niche and Mainstream Parties,” In *APSA Annual Meeting*(2016), pp.1–4.

一议题上已有选民的支持，而且需要时间和精力去维系。对于主流政党来说，其选票与经济议题息息相关，淡化经济问题的代价特别昂贵。所以本文假定只有主流政党将增加议题的利基性以应对政党竞争；利基政党的议题限定性的增加只是对之前战略的再度强化，而不是发展新的方向。

因此，利基假设，即假设1（Hypothesis 1）：通常而言，当政党体系饱和度增加时，主流政党更有可能增加其政策纲领的利基性。

同盟假设

第二，政党可以通过组建联盟来应对竞争。本文将选举同盟定义为不独立参与选举竞争的政党的集合，这些政党公开同意通过推荐联合候选人或联合目标来协调他们的竞选活动。本文只对作为应对激烈竞争而组建共同竞选的政党联盟感兴趣。

根据戈尔德（Sona Nadenichek Golder）的分析，与政党独立参选时赢得的选票相比，联盟的潜在好处之一是可以吸引更多的选民。[①]此外，在任何类型的选举制度中，联盟福利（即1+1>2）是可预见的。传统的唐斯（Anthony Downs）模型提出，当多个政党一起参选时，选民将选择预期规模最大的参选者，而不是依据政党意识形态接近程度。[②]选民可以通过民意调查和媒体宣传了解联盟的实力，了解某一政党当选后一定会采取哪些行动。

但联盟并非没有风险或成本：联盟的成功取决于选民是否愿意对联盟政党进行投票（Golder，2006）。而且，当联盟在决定共同的竞选目标、候选人和选举纲领时，成员党必须做出妥协，这一举动可能疏远选民中的积极分子和核心支持基础。此外，在选举前联盟成员政党相互妥协是特别焦灼的现象。

---

① Sona Nadenichek Golder, "Pre-Electoral Coalition Formation in Parliamentary Democracies," *British Journal of Political Science*, vol. 36, no. 2(2006), pp. 193–212.

② Anthony Downs, "An Economic Theory of Political Action in a Democracy," *Journal of Political Economy*, vol. 65, no. 2 (1957), pp. 135–150.

联盟假设，即假设2（Hypothesis 2）：通常而言，当政党体系饱和度增加时，政党更有可能组建联盟，退出联盟的可能性较小。

合并假设

第三，政党可以合并，涉及将两个或多个政党合并到单个政党组织中。政党合并区别于“完全被淘汰”之处在于，政党成员、积极分子、组织人事和政策可以从原政党转移到新政党。因此，合并可以被认为是部分的退出策略和核心调整，其中两个或多个政党放弃了他们的独立身份以创建一个新的组织，建立一个共同的政策纲领并拥有单一的政党领导者。与可以组建或退出政党联盟相比，合并形成新政党需要更多的时间（例如冗长的谈判）和启动资金（例如品牌化），但只要成功完成，结果往往是永久性的。

合并可以获得比选举联盟更多的收益。在资金支持方面，政党可以通过开展竞选活动或在长期运营中合并组织从而达到节省经费的目的。此外，政党合并后的一个特别的优势是可以重塑自己的形象。但是，合并也存在风险，需要获得被合并政党支持者的支持。

合并假设，即假设3（Hypothesis 3）：通常来说，当处于过度饱和的政党系统中，理性政党将更有可能选择合并。

惯性假设

论证假设1—3的文献认为政党能掌握全面的信息，并根据竞争环境仔细权衡纲领变更、组建联盟或合并的成本和收益。然而，组织生态学的微观理论认为，组织（政党）并不能“理性、灵活和快速地适应不断变化的环境”。有大量的研究表明组织具有“结构”惯性和“相对”惰性：它们很少有能力做出及时的调整。组织生态学并不否认组织能有所调整，争论点在于，政党组织难以启动和实施影响其组织核心的变革（结构上是惰性的），并且考虑到环境的变化，它们很少能正确及时地做到这一点（相对惰性的）。

组织生态学理论与有限理性的选举模型相呼应。在这种模型中，政党缺乏充分的信息，因此，政党只能在一定范围内行动，缺乏直接应对环境变化（如舆论转变）的能力，难以发生激进的意识形态变革。此外，由于信息的不全面和认知的限制，政党在变革时依赖过去的选举结果、政府反对党地位和原始政党等因素。

在组织生态理论中，核心和边缘变化之间的区别是必不可少的。组织改变其核心要素以应对环境变化是有风险的。利益攸关者都期望组织（私人和公共）可靠和保持一致。调整组织的核心特征会破坏组织来自可靠性和一致性的合法性。因此，组织不应改变其身份或规章认可的独特工作方式。在增加政策纲领的利基性时，政党试图掌握新议题的所有权。如果政党合并的话，他们将失去独立身份，这都会影响政党的核心特征。以政党联盟的方式参与选举对政党的意识形态和组织架构没有产生结构性的改变，即使一个政党无法将自己的纲领直接设置在联合联盟计划中，但这不涉及党内意识形态的变化。

基于有限理性模型和组织生态学理论，政党极不可能以核心变化来应对政党体系过度饱和状态，由此可得惯性假设，即假设4 (Hypothesis 4)：通常情况下，政党更有可能加入联盟而不太可能退出联盟来应对政党系统过度饱和。

假设1和假设3成立而假设4不成立，意味着组织生态学理论不适用于政党竞争。反之，假设2成立而假设1和假设3不成立，则组织生态学理论适用。

二、调节变量

本文测试政党的规模、成立时间、内部权力平衡和政府反对党身份等因素对PSS程度的影响。这符合组织生态学理论，该理论长期研究组织自身因素（例如成立时间和规模）对组织变化和生存有哪些影响。第一，小党的利益较少分散，灵活性更高。第二，成立时间长的政党根基深，调整后与年轻政党相比更有可能失去选民的信任。第三，内部权力平衡的政党有利于政党领导人更灵活地应对环境变化。第四，大多数研究认为反对党更有可能进行调整，因为它们面临更多的风险。执政党如果制定了利基战略，也不太可能因为其执政地位而淡化经济问题。调节变量如下：

假设5（Hypothesis 5）：主流政党如果更年轻（假设5a），规模较小（假设5b），领导者人数较多（假设5c）和处于反对党地位（假设5d），更有可能在政党体系饱和高的情况下，增加其政策纲领的限制范围。

假设6（Hypothesis 6）：政党如果更年轻（假设6a），规模较小（假设6b），领导者人数较多（假设6c）和处于反对党地位（假设6d），则更有可能在政党体系饱和高的情况下，组建而非退出政党联盟。

假设7（Hypothesis 7）：政党如果更年轻（假设7a），规模较小（假设7b）和处于反对党地位（假设7c），更有可能在政党体系饱和高的情况下选择合并。

三、数据、量化和模型设定

本文建立了一个纵向数据库，选取了21个已经建立成熟民主体制的西方国家，从战后第一次民主选举的数据开始计算；时间跨度为1945年到2011年。

有关选举的数据来自ParlGov数据库，本文选取了ParlGov数据库中至少获得1%选票或一个席位的政党，但做了一点修正以确保包括所有政党选举都被涵盖进来；如果一个政党X参加了T和T+1次选举，但只在T次选举中至少获得1%选票或一个席位，ParlGov数据库不会将政党X算进参加了T+1次选举，但本文将两次参选都包括其中。本文遵守Parlgov对政党的定义，政党名称的更改不被认为是新政党。

四、测量政党体系饱和度（PSS）

测量PSS，需要选举有效政党数量（ENEP）与政党体系特征的回归残差。正残差代表着比预计更多的有效政党参与选举，负残差反之。下文中第一个目标是创建对所有受检的政党体系都具有解释力的简约ENEP模型，这是独立运行的一部分。本文测量PSS是基于范德沃特在2017年使用的模型2（见表2），该模型包括公共需求，政治供应和选举开放性的测量因素，解释了31%的差异，包括了大量选举。范德沃特的研究表明，当解释力下降到13%，这种模型不适于在较少制度化的政党体系上运行，证明对先进的民主国家的关注是合理的。

五、议题二：网络与非正式治理

政党在t时的利基性是对政党最重要利基问题的重视程度减去该政党与系统中其他政党相比对经济问题的重视程度所得出的结果（可适当缩减）。关于各党派议题重点的数据来自CMP模型。CMP雇用了人工编码人员，他们将政党竞选宣言中的每个准句子（包含实际声明的句子部分）分别列入56个议题类别。每个类别的准句数除以宣言的准句总数，得出显著性。度量计算分为两步。首先，将所有问题聚集到斯托尔（2011）的七个政策维度：经济、文化—民族、宗教、后物质主义、外交政策、民主—威权和城乡。①其次，依循梅耶和瓦格纳（2013）的做法，计算一个政党对某一议题的重视程度高于同一选举中其他政党的加权平均重视程度的标准差的大小。②议题的重要程度是根据各政党的选票份额来加权的。最后从该党

① Stoll, H., “Dimensionality and the number of parties in legislative elections,” *Party Politics*, vol. 17, no. 3 (2011), pp. 405–429.

② Meyer, TM and Wagner, M., “Mainstream or niche? Vote-seeking incentives and the programmatic strategies of political parties,” *Comparative Political Studies*, vol. 46, no. 10 (2013), pp. 1246–1272.

在任何非经济议题上的最大正标准差中减去该党在经济维度上的标准差。

由于本文限定了只有主流政党会增加政策纲领的限定程度，检测PSS在t–1与政党身份，主流或利基在t–1的互动。因此，调节变量是因变量的二分类版本。接下来，本文使用三方互动来确定主流政党的利基策略是否受其规模、年龄、党内权力平衡或政府反对党地位的影响。政党在t–1的规模用投票份额来指代，政党在t–1的反对党地位由在t–1的选举结果中该党是执政党还是反对党来确定，党内权力平衡从0（积极分子主导）到30（领导层主导）。

本文对政党规模、年龄和反对党地位变量进行了控制，这些因素也能对政党的利基性产生叠加效应。首先，在选举中，大党有更多的利益要兼容。其次，在成长为更资深政党的过程中，政党利基性会随着政党年龄的增长而减少。再者，执政党被期望解决当今重要的经济问题，这意味着他们不能只聚焦某一特定领域。另外，作者控制了t–1选举和t–2选举之间的选票损失，因为损失可以作为调整利基性的置换。本文规定了在多层模型中政党—选举观察被嵌套在政党内。在整个过程中，对虚拟周期进行了控制。

六、测试同盟假设

本文用逻辑回归测量转变模型，给出政党进入和退出选举联盟的概率。因变量是二分类的，一个政党是否以联盟的方式竞选，（1）代表是，（0）代表不是。数据来自ParlGov，按照戈尔德（2005）的概念定义，如果选举结果表明政党有联合候选人或共用同一份竞选主张，则ParlGov将该政党编码为联盟成员。关于联盟必须公开的部分，作者假设ParlGov所依赖的统计机构提供了选票上呈现给选民的结果。

与本文对假设1的分析类似，转变模型使政党在t时刻的策略以其在t–1时刻的策略为条件。为了接受假设2，作者须首先证明，如果PSS增加，在t–1处没有加入联盟的政党就会加入联盟。在双向互动的情况下，作者考虑的是，如果政党是更年轻、更小、领导能力强的政党或处于反对党地位，是否更容易调整。接下来，作者通过将稳定概率（即留在联盟中）乘以-1来探索反向转移——如果PSS增加，政党是否更不可能退出联盟。作者还评估了调节变量如何影响这种替代过渡。

本文考虑了几种影响因素。第一，之前的研究显示，如果两个政党在意识形态上位置更接近，他们更有可能组成联盟，因为能降低交易成本。意识形态温和的政党更容易找到联盟伙伴。政策极端程度的测量是通过计算焦点党在t-1点左右位置与其他政党在t-1点平均位置之间的欧氏距离（Euclidean distance）得到的。对于政策极端程度，本文采用CMP的瑞尔测量（CMP's Rile measure）。第二，政党更有可能与可信任的政党合作。因此，作者通过政党在成为联盟一员或处于政府联盟的选举t-1占所有选举的比例，来测量一个政党的合作历史。第三，当面临选举分裂时，政党可能会利用选举联盟作为信号。因此，本文把在前几次选举中至少获得一个席位的政党的数目包括在内。

七、测试合并假设

假设3无法使用转变模型进行测试，因为合并是不可逆的。如果选举t是一个政党最后一次独立参选，该党在因变量上得分1，意味着在t+1时他们必须合并（否则为0）。有关政党合并的数据来自ParlGov。由于只有60个合并实例，本文使用费尔斯惩罚似然（Firth's penalized likelihood）模型来处理罕见事件数据。

本文考虑这种关系是否受到政党的年龄、规模和选举t产生的政府—反对党地位的制约。作者排除了领导能力。由于缺少数据、合并实例较少，每一个变量缺少足够的事件。这种控制很大程度上类似于假设2，因为合并可以被视为永久的联盟。与之前联盟模式唯一的不同是，此处控制了与创建新政党有关的成本（Cox，1997；Tavits，2006）：更高的成本可能增加合并的效用。本文将使用登记政党的押金、当前人均国民生产总值的比例、每1000名合格选民获得选票（请愿书）所需的签名数量、由一个虚拟变量衡量的公共政党融资。数据来自Tavits。[①]

八、结果

检验利基性假设（Hypothesis 1）

下页表1显示了模型结果。模型1表明，当PSS增加时，主流政党在t-1处的利基性降低了而不是增加了（$b=-0.189$，$p>0.1$）。利基政党在t-1处的附加效应（$b=0.010$，$p>0.1$），和上面的结果一样，在统计上都是不显著。边际效应（图1左上）证实了：对于主流政党（以及利基政党），置信界限与基准线相交。因此，没有证据支持假设1。

在模型2到5中，本文添加了三方互动来评估政党年龄、党内权力平衡、规模或反对派地位是否会影响这种关系。图1映射了交互关系。没有一个调节变量的变化可以显著地表明主流政党在t-1会增加利基性以应对PSS：边际效应要么是负面的，要么是统计上不显著的。有证据表明，如果政党处于有适度的领导者主导（右上）或是反对派（中下）的状态，会减少利基性来应对PSS。这些结果与假设1相反。值得注意的是，主流政党增加主流化并不是核心变化的证据，因为核心变化要求政党采取目前战略之外的战略。因此，这一结果与组织生态学理论并不矛盾。至于对照组，有强有力的证据表明，利基性随着政党的规模和年龄而下降。

① Margit Tavits, “Party System Change: Testing A Model of New Party Entry,” *Party Politics*, vol. 12, no. 1 (2006), pp. 99–119.

表1　利基假设

	模型1	模型2	模型3	模型4	模型5
政党体系饱和度（PSS）$_{t-1}$	−0.189 (0.116)	−0.263 (0.184)	−0.354 (0.289)	−0.188 (0.171)	−0.070 (0.150)
利基政党身份$_{t-1}$	0.554** (0.275)	1.224*** (0.453)	0.302 (0.883)	0.684* (0.407)	0.330 (0.435)
政党体系饱和度（PSS）$_{t-1}$ ×利基政党身份$_{t-1}$	0.010 (0.215)	−0.087 (0.344)	−0.466 (0.643)	−0.044 (0.303)	−0.613 (0.456)
政党年龄$_{t}$	−0.0014** (0.007)	−0.012* (0.007)	−0.012** (0.006)	−0.014** (0.007)	−0.014** (0.007)
政党体系饱和度（PSS）$_{t-1}$ ×政党年龄$_{t}$		0.002 (0.003)			
利基政党身份$_{t-1}$×政党年龄$_{t}$		−0.014* (0.008)			
政党体系饱和度（PSS）$_{t-1}$ ×利基政党身份$_{t-1}$×政党年龄$_{t}$		0.003 (0.007)			
领导层主导			−0.043 (0.039)		
利基政党身份$_{t-1}$×领导层主导			0.007 (0.047)		
政党体系饱和度（PSS）$_{t-1}$ ×领导层主导			0.006 (0.015)		
政党体系饱和度（PSS）$_{t-1}$ ×利基政党身份$_{t-1}$×领导层主导			0.018 (0.031)		
政党规模$_{t-1}$	−0.058*** (0.016)	−0.057*** (0.016)	−0.045*** (0.012)	−0.056*** (0.017)	−0.057*** (0.016)
政党体系饱和度（PSS）$_{t-1}$ ×政党规模$_{t-1}$				0.000 (0.009)	
利基政党身份$_{t-1}$×政党规模$_{t-1}$				−0.008 (0.021)	
政党体系饱和度（PSS）$_{t-1}$ ×利基政党身份$_{t-1}$×政党规模$_{t-1}$				0.004 (0.021)	
反对党$_{t-1}$	0.152 (0.231)	0.152 (0.231)	−0.086 (0170)	0.154 (0.231)	0.160 (0.247)
政党体系饱和度（PSS）$_{t-1}$ ×反对党$_{t-1}$					−0.216 (0.164)
利基政党身份$_{t-1}$×反对党$_{t-1}$					0.328 (0.541)

续表

	模型1	模型2	模型3	模型4	模型5
政党体系饱和度（PSS）$_{t-1}$ ×利基政党身份$_{t-1}$×反对党$_{t-1}$					0.821 (0.515)
选票损失$_{t-1}$	0.008 (0.022)	0.006 (0.022)	−0.004 (0.017)	0.008 (0.023)	0.006 (0.022)
常数项	3.879*** (0.488)	3.783*** (0.494)	4.614*** (0.769)	3.855*** (0.492)	3.830*** (0.492)
Decade dummies available upon request 2 level 2（政党）	9.205 (1.333)	9.169 (1.327)	3.248 (0.586)	9.180 (1.336)	9.177 (1.330)
O^2 level 1（政党/选举）	11.268 (0.431)	11.241 (0.420)	5.405 (0.235)	11.270 (0.431)	11.242 (0.430)
BIC	8,990.145	9,008.183	5,665.482	9,012.047	9,008.344
N	1,620	1,620	1,178	1,620	1,620

注：多层次回归模型解释了政党政策纲领的利基性。括号内为标准误差。

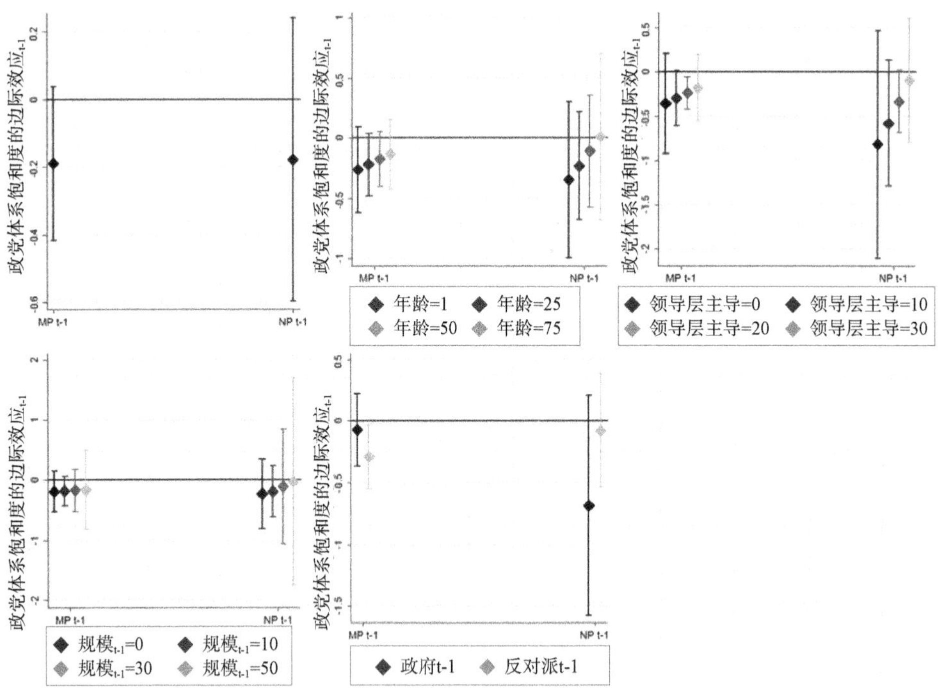

图1　政党体系饱和度对利基性的边际效应

检验同盟假设（Hypothesis 2）

表2描述了结果。模型1关注联盟成员在t−1处离开联盟后，在t时的状态转变，而其余的模型属于相反的转变。与假设2一致，模型1表明，当PSS增加时，联盟成员离开联盟的可能性会降低。这个转移概率由留在联盟中的稳定概率乘以−1得到。因此，PSS每增加一个单位，离开的概率就会减少0.536（-1×0.536，$p<0.01$）。

至于从非联盟成员到联盟成员的转变（模型2），假设2得到了支持。当PSS增加一个单位时，加入联盟的记录概率平均增加了0.373（$p<0.01$），增加了1.452因子（优势比=exp(0.373)），影响较大。在模型3到6中，作者评估了这种影响是否受政党年龄（模型3）、领导者优势（模型4）、规模（模型5）或反对派地位（模型6）的影响。由于PSS对加入联盟的边际效应不随调节变量的变化而变化，很少有证据支持相互作用。边际效应是正的，在年龄（1—68岁）、政党规模（2%—29%）、政府和反对党以及领导人主导地位的每一个值，不足以得出有利于互动的结论。

表2　同盟假设

	联盟成员t−1 模型1	非联盟成员 t−1 模型2	非联盟成员 t−1 模型3	非联盟成员 t−1 模型4	非联盟成员 t−1 模型5	非联盟成员 t−1 模型6
政党体系饱和度（PSS）$_{t-1}$	0.536***	0.373***	0.346*	2.265***	0.274	0.408**
	(0.167)	(0.131)	(0.177)	(0.790)	(0.173)	(0.183)
政党年龄$_t$	0.006	0.002	0.002	0.009	0.003	0.002
	(0.007)	(0.006)	(0.007)	(0.011)	(0.006)	(0.006)
政党体系饱和度（PSS）$_{t-1}$ × 政党年龄$_t$			0.001			
			(0.004)			
领导层主导				0.176		
				(0.117)		
政党体系饱和度（PSS）$_{t-1}$ × 领导层主导				−0.036		
				(0.030)		
政党规模$_{t-1}$					−0.029	
					(0.023)	

续表

	联盟成员t–1 模型1	非联盟成员 t–1 模型2	非联盟成员 t–1 模型3	非联盟成员 t–1 模型4	非联盟成员 t–1 模型5	非联盟成员 t–1 模型6
政党体系饱和度（PSS）$_{t-1}$					0.014	
×政党规模$_{t-1}$					(0.015)	
反对党$_{t-1}$	−0.311	−0.216	−0.222	−0.213	−0.206	−0.160
	(0.593)	(0.568)	(0.567)	(0.801)	(0.5776)	(0.605)
政党体系饱和度（PSS）$_{t-1}$						−0.056
×反对党$_{t-1}$						(0.203)
无议会代表$_{t-1}$	−0.706	0.810	0.800	−1.837	0.886	0.810
	(0.626)	(0.777)	(0.779)	(1.829)	(0.773)	(0.775)
联盟经历$_{t-1}$	2.036***	0.782	0.825	−8.518*	0.505	0.791
	(0.679)	(1.515)	(1.526)	(4.687)	(1.537)	(1.514)
政府经历$_{t-1}$	−0.275	−0.849	−0.866	−0.502	−0.720	−0.850
	(0.821)	(0.754)	(0.757)	(1.180)	(0.767)	(0.755)
议会政党数量$_{t-1}$	−0.141*	0.130	0.129	−0.057	0.106	0.131
	(0.078)	(0.081)	(0.082)	(0.178)	(0.084)	(0.082)
优势比率$_{t-1}$		−1.180*	−1.179*	−1.040	−0.877	−1.179*
		(0.702)	(0.703)	(1.333)	(0.736)	(0.702)
左—右距离$_{t-1}$		−0.095	−0.095	−0.465	−0.091	−0.094
		(0.088)	(0.087)	(0.326)	(0.087)	(0.088)
常数项	1.009	−4.267***	−4.228***	−8.668***	−4.093***	−4.319***
	(1.134)	(1.151)	(1.162)	(3.274)	(1.160)	(1.167)
O^2 level 2（国家）	0.991	1.619	1.625	8.321	1.697	1.623
	(0.855)	(0.931)	(0.934)	(5.284)	(0.963)	(0.932)
BIC	289.101	438.148	445.639	224.012	450.640	445.614
N	312	1,888	1,888	1,252	1,888	1,888

注：多级逻辑回归模型解释了从联盟成员到非成员（模型1）和从非成员到成员（模型2—6）的转变。系数为对数几率。括号内为标准误差。

检验合并假设（Hypothesis 3）

表3描述了结果。模型1包含了所有的自变量。考虑到合并的相对较少的实例，本文继续使用一个规范来排除导致实质性列表删除的预测因素（模型2—5），断言每个变量的事件数量至少保持在5。没有证据支持假设

3，因为PSS对政党在t+1处合并倾向的影响在统计上是不显著的。

表3　合并假设

	模型1	模型2	模型3	模型4	模型5
政党体系饱和度（PSS）$_{t-1}$	0.161 (0.217)	−0.001 (0.092)	−0.155 (0.123)	−0.123 (0.146)	0.234 (0.232)
政党年龄$_t$	−0.009 (0.011)	−0.016*** (0.006)	−0.020** (0.007)	−0.017** (0.007)	−0.016*** (0.006)
政党体系饱和度（PSS）$_{t-1}$ × 政党年龄$_t$			0.009** (0.004)		
政党规模$_{t-1}$				−0.094** (0.038)	
政党体系饱和度（PSS）$_{t-1}$ × 政党规模$_{t-1}$				0.022 (0.023)	
反对党$_{t-1}$	0.599 (1.013)	1.301** (0.604)	1.274** (0.605)	1.013 (0.731)	1.464** (0.656)
政党体系饱和度（PSS）$_{t-1}$ × 反对党$_{t-1}$					−0.266 (0.251)
无议会代表$_{t-1}$	2.223*** (0.675)	0.166 (0.333)	0.175 (0.334)	−0.052 (0.372)	0.161 (0.333)
联盟经历$_{t-1}$	0.752 (1.085)	1.356*** (10.358)	1.429*** (0.357)	0.644 (0.587)	1.349*** (0.358)
政府经历$_{t-1}$	0.333 (1.373)	0.435 (0.662)	0.382 (0.670)	1.513* (0.828)	0.440 (0.663)
优势比率$_{t-1}$	0.249* (0.139)				
左—右距离$_{t-1}$	−0.045 (0.174)				
注册成本$_t$	−0.145 (2.412)				
政党筹资$_t$	0.183 (0.613)				
请愿	−0.092 (0.170)				
常数项	−5.284*** (1.249)	−4.843*** (0.645)	−4.762*** (0.645)	−4.214*** (0.783)	−4.996*** (0.694)
McFadden's R^2	0.16	0.061	0.069	0.08	0.062
BIC	185.434	561.867	554.956	442.607	566.167
N	1,472	3,008	3,008	2,311	3,008

注：罕见事件数据的惩罚似然模型（费尔斯法）解释了一个政党是否会在t+1时合并。系数为对数几率。括号内为标准误差。

在模型3到5中，本文检验这种影响是否受政党年龄（模型3）、规模（模型4）或反对地位的影响。模型3证明了PSS与政党年龄相互作用。最初，本文认为较老的政党不太可能合并，因为组织惯性随着年龄增长而增长。然而，随着政党年龄的增长，他们与其他政党的交流关系也越来越深。由于合并需要高度的信任（Mair，1990），年轻的政党可能不太有吸引力，因为他们有更大的不确定性。此外，党员和捐助者长期投资的政党抛弃的代价更大。因此，与沉没成本较少的年轻政党相比，年长的政党可能更倾向于将合并视为避免彻底消失的最后手段。

检验惯性假设（Hypothesis 4）

与组织生态的惯性主张一致，政党往往不会通过改变其核心来适应PSS。主流政党不会增加其利基性（假设1），政党不会与其他政党合并（假设3）。本文在假设1上没有发现调节条件，而对于假设3，有证据表明，相对较小比例的老政党将合并。然而，考虑到政党一般不会合并，本文得出的结论是，即使会影响自身身份的变化，政党在结构上仍是惰性的，会通过调整边缘以避免意识形态等核心变化。总之，检验的结果完全符合假设4。

九、结论和讨论

本研究探讨了政党是否适应PSS。之前的研究发现PSS的增加会导致政党被淘汰，但本文实证分析了21个西方民主国家1945—2011年间所有的民主选举，认为政党只有在PSS增加时更有可能加入联盟，在PSS减少时才会退出联盟，没有数据表明主流政党增加了他们的利基性，只有一小部分老政党会选择合并。这证实了惯性假设（假设4），并完全符合组织生态学理论对相对惯性和结构性惯性的预测。

本文的结论对政党体系变化和选举竞争模型的研究具有重要意义。本文并没有发现支持政党意识形态改变和政党合并方面的数据，这支持了组织生态的惯性假设。政党在高度不确定的环境中运作，意识形态是解释和应对这个不确定世界的透镜（Budge，1994），与结构惯性的观点相呼应。也就是说，意识形态设定了政党能发生变化的（有限）参数范围。反过来，政党依赖选民意味着适应延迟，而不是直接适应环境，这解释了相对惯性。考虑到政党可能抵制涉及其思想和组织核心的变革，对政党变革的研究应区分不同类型的变革。不确定性、有限理性政党和对选民的依赖可能更能解释和预测政党是否以及如何适应环境变化。

这项研究也提出了需要进一步研究的问题。一是评估其他因素对PSS的反应；PSS是一个新的概念，主要用来发展利基性假设的博弈论研究需要强有力的假设，暂不能做出清晰的均衡预测。因此，虽然本文可以对政党是否会适应PSS给出一个令人信服的答案（即政党不会进行核心变革），但还需要对理性的政党应该如何适应进行更多的研究。

丑闻、虚伪和辞职：党派性如何影响对政客越轨行为的评价

亚当·D. 沃尔斯基

政治学评介"公众号平台编译①

编者按：被曝出丑闻的政客，往往面临着严厉的指控：满口仁义道德，一肚子男盗女娼。本文作者通过调查实验，分析党派性如何影响公民对政党的评价。基于两党政客真实发生的丑闻，作者通过将丑闻、虚伪以及辞职作为自变量进行实验分析后发现：共和党人对于政党的评价易受到这三个变量的影响，而民主党人则并不敏感，即在原有的政党印象和评价上不会有较大改变。这可能源于在评价政党时，共和党人和民主党人对虚伪的态度不同以及处理信息的方式不同。该文具体如何，尚待诸君评说。

文章来源：Wolsky, A. (2022). Scandal, Hypocrisy, and Resignation: How Partisanship Shapes Evaluations of Politicians' Transgressions. *Journal of Experimental Political Science*, 9(1), pp. 74–87.

期刊简介：《实验政治学杂志》（*Journal of Experimental Political Science*），简称JEPS。2021年影响因子为1.66。

作者介绍：亚当·D. 沃尔斯基（Adam D. Wolsky），国际调查方法学

① 翻译：袁田西竹，北京外国语大学国际关系学院2021级博士研究生；严烨，四川外国语大学国际关系学院2019级本科生。审校：袁田西竹。

家，美国范德堡大学政治学博士。

【文章摘要与内容导读】

政客的虚伪是政治丑闻的共同特征。但是，我们仍不确定人们是否会根据越轨政客的党派身份，对其虚伪的不当行为做出不同的评价。本文通过调查实验评估了在受访者对国会议员的越轨行为新闻认知程度不同的情况下，党派性将如何影响受访者对政党的评价。研究发现，共和党人在看到虚伪的同党政客辞职的消息后，对自己政党的态度要比只看到政客的虚伪行为更加积极。此外，与纯粹的党外议员越轨行为相比，当共和党人看到一个虚伪的民主党议员的越轨行为时，他们会对自己的政党感到更加满意。相反，民主党人并不会因为有丑闻的政客来自不同政党而改变他们对政党的评价。这表明，在评价政党时，共和党和民主党对虚伪的态度不同以及处理信息的方式不同。

一、导言

2009年，时任国会议员的汤姆·普莱斯在接受美国消费者新闻与商业频道（Consumer News and Business Channel，CNBC）采访时指责他的民主党同事使用昂贵的私人飞机，称“这是国会不负责任肆意挥霍财政的又一个例子”。八年后，媒体披露，时任美国总统特朗普的首任卫生与公众服务部部长的普莱斯至少20次乘坐私营军用飞机前往欧洲和亚洲，花费了纳税人约100万美元。左翼记者蕾切尔·玛多高兴地报道了这件事，其中包括汤姆·普莱斯使用私人飞机与儿子共进午餐的细节。与此同时，许多共和党政客批评了普莱斯的行为，在第一篇报道发出两周内，普莱斯辞去了他的职位。

揭露汤姆·普莱斯使用纳税人“资助”的私人飞机的记者们制造了一场“媒体上身”的政治丑闻，“媒体上身”可以被定义为：违反价值观、规范或道德准则的行为或事件被新闻媒体公开，引发大众从反对到暴怒不同程度的反应。随着丑闻的曝光，记者们引用了普莱斯之前有关私人飞机使用问题的回应，强调了他的虚伪或者说言行不一。虚伪是政治丑闻的共同特征，可以用来形容各种意识形态和党派的政客的不当行为：从强调“家庭价值观”的前路易斯安那州共和党参议员大卫·维特面临召妓丑闻，到前佛罗里达州民主党国会女议员兼公务员科瑞恩·布朗从一个为贫困儿童提供奖学金的假慈善机构里拿了100万美元。

本文抽取了两起来自美国两党的国会议员的真实政治丑闻，测试了党派成员在暴露于虚伪丑闻的不同阶段后如何评价政党：第一阶段，最初的丑闻；第二阶段，虚伪的揭露；第三阶段，该党领导人对虚伪的丑闻做出谴责的回应。本文对政治丑闻溢出效应的研究做出了两个主要贡献：首先，作者测试了丑闻的不同特征的溢出是如何影响党内外人士对政党的评价的。其次，作者评估了在丑闻主角最终由于党派惩罚辞职后，公民对政党的评价会如何变化。作者发现，共和党人在看到虚伪的同党政客辞职的消息后，对自己政党的态度比只看到虚伪的政治家这一消息更积极。此外作者还发现，当共和党人看到一个虚伪的党外成员的越轨行为时，他们会比看到非虚伪的党外成员的越轨行为更满意自己的政党。但是，民主党人并不会因为党内或党外人士的各种丑闻而改变对政党的评价。这表明，共和党和民主党对虚伪的态度不同，在评估政党时对个人信息的运用也不同。

二、政治丑闻、溢出效应和虚伪

有大量证据表明，政治丑闻可能会损害人们对卷入丑闻的政客的评价①。政客个人丑闻的负面影响也会对其政党产生影响②。当人们相互关联

① James Carlson, Ganiel Gladys, and Mark S. Hyde, “Scandal and Political Candidate Image,” *Southeastern Political Review*, vol. 28, no. 4 (2000), pp. 747–757.

② Jürgen Maier, “The Impact of Political Scandals on Political Support: An Experimental Test of Two Theories,” *International Political Science Review*, vol. 32, no. 3 (2011), pp. 283–302.

的认知被激活，将一个目标与另一个目标联系起来时，政治丑闻的“溢出效应”就会发生[①]。例如，当一个政客是虚伪的，人们不仅会对这个人评价很差，而且对这个政客所属的政党也会有负面评价[②]。

丑闻的溢出效应在美国可能分布并不均匀，因为政治评估越来越多地从党派偏见出发[③]。丑闻代表着当事人有可能存在与同党派成员不一致的行动或行为，但同党派的人经常进行动机性推理，拒绝不一致的信息且只接受符合他们信念的信息[④]。此前关于虚伪和政治丑闻的文献发现，公民对虚伪丑闻的评价比非虚伪丑闻更严厉[⑤]，但尚不明确党派偏见是否会导致公民对虚伪和非虚伪丑闻评价的不同。一些人认为，丑闻可能会削弱政客的追随者的支持，但也有人发现，卷入丑闻的政客仍然会保持他们所得到的支持[⑥]。丑闻中关于虚伪的额外信息可能会导致同党派人士达到一个情感临界点[⑦]，或者同党派人士可能会忽视虚伪行为。这就导致了两个相悖的假设（假设1）：

H1a：与没有虚伪信息的丑闻相比，暴露于有虚伪信息的丑闻将导致同党派人士对政党评价降低；

H1b：虚伪信息将被忽略，不会显著降低同党派人士对政党的评价。

---

① Francis L. F. Lee, “The Spillover Effects of Political Scandals: The Moderating Role of Cynicism and Social Media Communications,” *Journalism & Mass Communication*, vol. 95, no. 3 (2018), pp. 714–733.

② Christian von Sikorski and Christina Herbst, “Not Practicing What They Preached! Exploring Negative Spillover Effects of News about Ex-Politicians’ Hypocrisy on Party Attitudes, Voting Intentions, and Political Trust,” *Media Psychology*, vol. 23, no. 3 (2020), pp. 436–460.

③ Shanto Iyengar, Gaurav Sood and Yphtach Lelkes, “Affect, Not Ideology: A Social Identity Perspective on Polarization,” *Public Opinion*, vol. 76, no. 3 (2012), pp. 405–431.

④ Cengiz Erisen, David P. Redlawsk, and Elif Erisen, “Complex Thinking as a Result of Incongruent Information Exposure,” *American Politics Research*, vol. 46, no. 2 (2018), pp. 217–245.

⑤ Monika L. McDermott, Douglas Schwartz, and Sebastian Vallejo, “Talking the Talk but Not Walking the Walk: Public Reactions to Hypocrisy in Political Scandal,” *American Politics Research*, vol. 43, no. 6 (2015), pp. 952–974.

⑥ Mark Fischle, “Mass Response to the Lewinsky Scandal: Motivated Reasoning or Bayesian Updating?” *Political Psychology*, vol. 21, no. 1 (2000), pp. 135–159.

⑦ David P. Redlawsk, Andrew J.W. Civettini, and Karen M. Emmerson, “The Affective Tipping Point: Do Motivated Reasoners Ever ‘Get It’?” *Political Psychology*, vol. 31, no. 4 (2010), pp. 563–593.

随着涉及某一政客的丑闻的不断发酵，政党领导人有时会敦促其辞职。从理论上讲，同党人士会接受关于一个虚伪的政客被革职的一致信息，并驳回关于虚伪丑闻本身的不一致信息[①]。因此，作者提出第二个假设：

H2：比起仅仅看到有虚假政治丑闻的政客，当看到虚伪的政客被成功革职的时候，作者期待同党对自己政党的评价会更积极。

在一个情感两极分化的社会背景下，曝光有关党外丑闻的信息，尤其是那些以虚伪为特征的丑闻，被视为党外人士的福音。当暴露于涉及党外政客的令人尴尬的消息时[②]，公民甚至会感到幸灾乐祸，对自己的政党更加满意[③]，因为这有助于提高群体的自尊。也就是说，一个政党的丑闻会提高公民对其他政党的评价，而虚伪的丑闻则会更加明显地提高对其他政党的评价。因此，作者提出第三个假设：

H3：与没有虚伪特征的丑闻相比，一个虚伪党外政客的丑闻信息会增强公众对自己政党的积极情绪。

三、研究设计

为了验证作者关于丑闻、虚伪和辞职的假设，作者通过MTurk进行了两项研究，让参与者接触卷入性丑闻的国会议员的真实信息。参与者在同意接受Qualtrics（在线调查软件公司）调查后，会被问及他们的党派认同和新闻消费水平。然后，参与者被随机暴露在三种实验处理中的一种。研究1（N=507）的实验刺激聚焦于宾夕法尼亚州保守派共和党国会议员蒂

① Charles S. Taber, and Milton Lodge, “Motivated Skepticism in the Evaluation of Political Beliefs,” *American Journal of Political Science*, vol. 50, no. 3 (2006), pp. 755–769.

② D. Ryan Schurtz, David Combs, Charles Hoogland, and Richard H. Smith, “Schadenfreude in Sports and Politics: A Social Identity Perspective,” In *Schadenfreude: Understanding Pleasure at the Misfortune of Others*. eds. van Dijk W. W. and Ouwerkerk J. W. Cambridge, UK: Cambridge University Press, 2014, pp. 170–185.

③ Jaap W. Ouwerkerk and Wilco W. van Dijk, “Intergroup Rivalry and Schadenfreude,” In *Schadenfreude: Understanding Pleasure at the Misfortune of Others*. eds. van Dijk W. W. and Ouwerkerk J. W. Cambridge, UK: Cambridge University Press, 2014, pp. 186–199.

姆·墨菲（Tim Murphy）的丑闻，研究2（N=504）的实验刺激聚焦于密歇根州自由派民主党国会议员约翰·科尼尔斯（John Conyers）的丑闻。

每项研究的参与者被随机分配到以下文本的部分或全部：

研究1：2017年9月，宾夕法尼亚州共和党国会议员蒂姆·墨菲承认与一位挚友有婚外情。**墨菲是国会众议院反堕胎核心小组的成员，他投票赞成对堕胎实施更多限制。但有消息称，出于对情妇怀孕之事的恐慌，他向情妇施压，要求她堕胎。**在众议院共和党领袖和资深共和党人向墨菲施压要求其辞职后，他于10月初辞职。

研究2：2017年11月和12月，密歇根州民主党国会议员约翰·科尼尔斯被多名女性指控性骚扰。**科尼尔斯此前曾参与发起一项帮助性侵和家庭暴力受害者的立法。被骚扰的女性中有一些曾为科尼尔斯工作，她们说，除了其他琐事外，科尼尔斯还猥亵她们并向她们提出性要求。**在众议院民主党领袖和其他资深民主党人向科尼尔斯施压要求其辞职后，他于12月初辞职。

第一组被随机分配只收到带下划线的文本（丑闻），第二组得到带下划线的文本和粗体的文本（虚伪），第三组得到完整的文本（辞职）。因此，在研究1中，所有参与者都知道墨菲的党派关系和婚外情，但只有一部分参与者看到了墨菲的言行不一。此外，只有第三组的人看到他的政党成员有效地迫使他辞职。这两项研究是为了相辅相成，鉴于伪君子普遍面临的蔑视，作者并不指望不同党派的党员会有什么不同的反应。

在阅读文本后，所有参与者被要求用情绪量表（100分）对政党进行评价。0分表示对政党非常冷淡，50分表示态度一般，100分表示对政党非常热情。参与者首先被问及对文本中政客所在政党的评价，研究1的参与者首先被问及共和党，研究2的参与者首先被问及民主党。然后，参与者被问及同样的关于非文本中政客所属党派的情绪评价。以上问题是作者的主要因变量。

这项研究建立在先前的实验工作的基础上，从真实的政治丑闻中操纵框架。但作者采用了一种类似于学者研究假想政客犯下政治丑闻的影响的方法，即小故事法。小故事法使实验参与者在丑闻的不同阶段（最初的丑闻、虚伪的暴露和最终离职）接触到最相关的信息，类似于标题或副标题。这种方法可能会减少对丑闻的其他细节的回忆，因为与报纸文章相比更简短。然而，使用实际的政治事件可能会伴随着预处理的风险，这可能不利于发现显著的影响。

四、研究结果

作者首先要测试的是，与非虚伪的同党政客相比，在看到虚伪的同党派政客出现越轨行为后，受访者对自己政党的热情是否会降低。为了验证这一命题（H1），作者测试了文本中政客的同党成员从被暴露在丑闻条件下到虚伪条件下情绪量表的均值差。在研究1中，作者发现，平均而言，与丑闻基线相比（62.3度），在虚伪的条件下，共和党人和倾向共和党的人会对自己政党的态度更冷淡（56.9度），但是这种差异缺乏显著性（单侧检验$t=1.19$，$p=0.10$）。同样，作者发现，在研究2中，与丑闻基线（62.6度）相比，民主党人和倾向民主党的人在暴露于虚伪条件下（59.3度）稍微冷静一些，但这种差异在统计上并不显著（单项测验$t=1$，$p=0.16$）。这些结果表明，虚伪条件并不会导致丑闻主角的同党人士有情感上的改变，即他们并不重视虚伪这一额外负面信息。

为了测试在政党领导人成功肃清虚伪的政客后，同党人士是否对自己的政党感觉更好（H2），作者再次比较了在不同条件下同党派性人士的情绪量表评级，但这次是在虚伪条件下和辞职条件下。在研究1中，受访者暴露在共和党虚伪和辞职处理信息之间，作者发现共和党人对自己政党的热情度增加了8.9度（单项检验$t=-2.28$，$p<0.05$）（见图1）。然而，在研究2中，辞职和虚伪变量对民主党产生了几乎相同的情绪量级（单项检验$t=-0.03$，$p=0.49$），这表明民主党领导人的压力和科尼尔斯的辞职并不足以让他们对自己的政党感到更热情（见图2）。

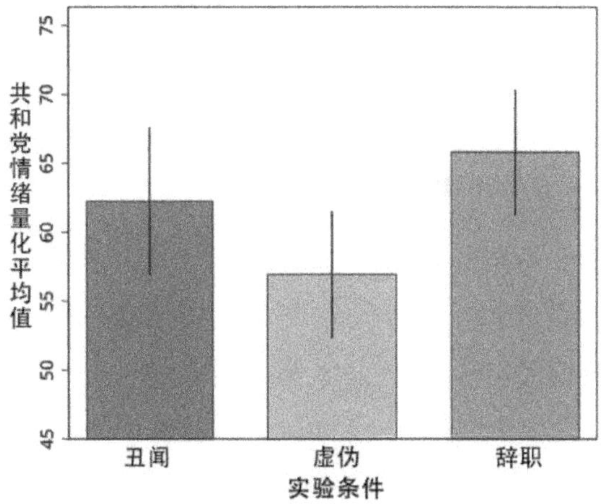

图1　共和党在共和党人中的量级预测值

注：均值的置信区间为90%

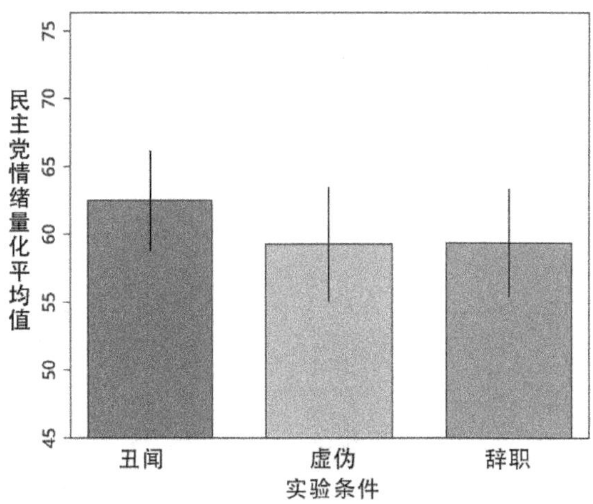

图2　民主党在民主党人中的量级预测值

注：均值的置信区间为90%

为什么共和党人比民主党人对实验更敏感？各种研究发现，保守派和共和党人比自由派和民主党人更重视忠诚和权威。因此，共和党人在阅读具有虚伪特征的文章时，可能会对其违反团体规范的行为产生强烈的背叛感，但如果看到两党领导人纠正这种行为，则会产生正义感。实验刺激的不同可能也导致了两项研究结果的分歧。在研究1中，关于虚伪的处理包括关于婚外情的信息和国会议员强迫他的情妇堕胎的信息。然而，在研究2中，虚伪处理包括骚扰信息，但额外的信息是关于越轨的严重程度。此外，与自己所属的国会核心小组的价值作对（研究1）可能被视为比不遵守一项立法（研究2）更大的背叛。

作者的最后一个假设（H3），是与暴露一个党外的政客没有虚伪特征的丑闻相比，暴露其所犯下虚伪丑闻的信息会增强对党员自己政党的积极情绪。作者运用情绪量表对比了文本涉及政客的非同党人士在丑闻以及虚伪的条件下的均值差。图3和图4分别展示了研究1和研究2的结果。虽然在两项研究中，党外人士都朝着积极的方向发展，但只有在研究2中，共和党人对自己政党的感觉在统计上有显著的提升，情绪量表上的数值从59.3度上升到68度（单侧检验t=−1.87，$p<0.05$）。作者再次发现，共和党人对这种变量似乎比民主党人更敏感。尽管有证据表明民主党人和共和党人都“厌恶”他们的对手，但一些研究发现，共和党人对对手有更强的偏见，当看到民主党失败时，他们会对自己的政党感到更加积极。

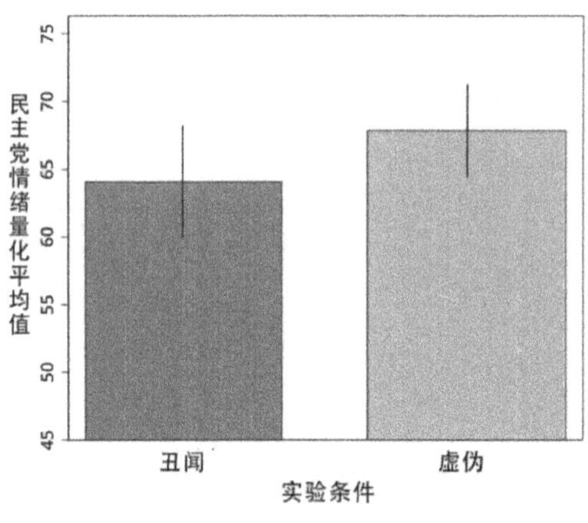

图3　民主党在民主党人中的量级预测值

注：均值的置信区间为90%

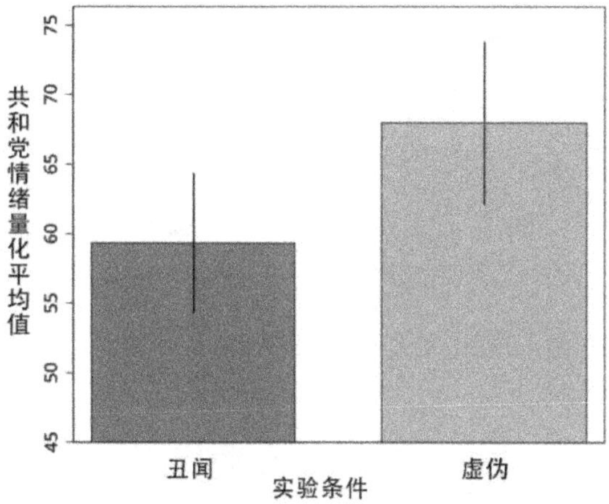

图4　共和党在共和党人中的量级预测值

注：均值的置信区间为90%

最后，作者探讨了对自己理论的另外两个检验。首先，作者测试了党派之争的强弱对丑闻、虚伪和丑闻政客辞职的影响。强烈的党派支持者被证明比弱党派支持者和党派倾向者更有可能进行动机性推理，并且在经历了不一致的信息后会更有弹性地改变对自己政党的态度。作者预计，与非虚伪的政治丑闻相比，强烈的党派支持者对虚伪的政治丑闻同样不重视，从而导致两种条件之间的政党评估没有差异（扩展H1b）。然而，弱党派支持者和倾向者更有可能改变并达到一个情感临界点（扩展H1a）。作者认为，比起虚伪的情况，在辞职的情况下，强党派人士会比弱党派人士和倾向者提高对自己政党的评价（扩展H2），并且在作为党外人士看政客的虚伪信息时，比看丑闻信息对党派评价更高（扩展H3），这是因为强党派人士比弱党派人士和党派倾向者更注重定向目标。

作者对这些扩展假设进行了检验，方法是回归关于实验和党派性强度之间相互作用的情绪量表。这个结果虽然不太有力，却揭示了一些强党派人士、弱党派人士和党派倾向者之间的有趣差异。首先，研究1中H2的结果似乎是由弱党派人士驱动的（从53.8度增加到60.9度，单项检验$t=-1.36$，$p<0.1$）。其次，虽然作者没有发现民主党人在所有研究中关于H3的证

据，但党派倾向者经历了对党评价从45.7度到56.4度的显著增加（单项检验 $t = 1.62$，$p < 0.1$）。在研究2中，作者没有发现所有民主党人关于H1a的证据，但通过党派性强度分解结果，发现那些倾向于民主党的人的政党评价从丑闻条件到虚伪条件阶段出现了大幅下降（单项检验从55.5下降到36.3，$t = 3.4$，$p < 0.01$）。最后，作者发现与党外政客的非虚伪丑闻相比，暴露在虚伪丑闻中的党外人士对自己政党的好感是由弱党派性的共和党人驱动的。综上所述，弱党派性的人对一致和不一致的信息比强党派性的人更敏感。

其次，作者探究了新闻曝光如何影响党派人士对不同处理方式的解读。最具政治兴趣和知识渊博的人倾向于强化他们所持有的态度，更有可能进行动机性推理。因此，作者预计，密切关注新闻的同党人士比那些不太关注新闻的人更有可能忽视虚伪的信息（H1b），更有可能接受关于虚伪的同党政客辞职的信息（相比虚伪丑闻）（H2），相比于暴露在不具有虚伪特征的信息下，当暴露在一个虚伪的党外政客信息面前时，更有可能提高对自己政党的评价（H3）。为了测试这一点，作者首先创建了一个新闻曝光的虚拟变量，那些说自己密切关注新闻的人被编码为1，而那些有点关注新闻、不是很关注或根本不关注新闻的人被编码为0。然后，作者回归了关于新闻曝光与实验交互作用的每个假设的情绪量化评估。在单侧检验中，只有一个相互作用具有统计学意义（$p < 0.05$）。在研究1的H1中，非常密切关注新闻的共和党人在非虚伪丑闻情况下对共和党的情绪量化值更高（70.8），而在虚伪情况下（56.1），那些不太关注新闻的人对两种处理方法的评分几乎相同（57.3和57.5）。这表明有政治意识的人对实验更敏感，但这一模式并不适用于其他假设。

五、结论

个别政治人物的政治丑闻有可能影响对政党的评价。这项研究通过真实政治丑闻，采用小故事法进行研究。虽然这可以增强外部有效性，但也有其局限性。首先，受访者可能会受到政治丑闻的信息预处理影响，从而减弱处理效果。其次，尽管使用的是真实世界的丑闻，锚定场景实验可能无法复制受访者如何获得关于真实世界丑闻的信息。未来的工作可以通过采用结构化文章形式来克服这些限制。此外，这两项研究是通过Amazon MTurk招募的受访者，其样本比其他便利样本更多样化，但比平均美国人口样本更年轻、有更多的男性、较少信宗教、教育程度更高、更自由。虽然MTurk样本能产生有效的样本平均处理效应（Sample Average Treatment Effect，SATE），但未来的研究应该在更有代表性的样本上检验这些假设。

在两党制的美国，丑闻的溢出效应不仅取决于卷入丑闻的人，也取决于对其进行评价的人。在共和党人当中，读到虚伪的同党政客越轨行为新闻的人和读到虚伪的同党政客辞职消息的人，对政党的评价存在很大差距。而当共和党人读到一个政客虚伪的越轨行为时，比读到一个民主党政客的非虚伪丑闻时，对自己政党的感觉明显更积极。然而，在接收到党内外政客的虚伪丑闻后，民主党人对自己的政党并没有明显的不同感觉。未来的研究应该调查两党党员对虚伪的态度是否不同，党派性的强度如何影响政客个人对虚伪行为的评价，以及不同党派的成员如何将对个人的态度同化到群体中。

前沿书评

政党如何组织社会？

——西方政党耦合理论研究评述

李　立

华中师范大学政治学与国家治理研究院副教授

摘　要：政党与社会之间有着怎样的一种互动关系，是当前国际政治社会学关注的核心问题之一。由三位西方知名社会学家于2015年编著、斯坦福大学出版社出版的《搭积木：政党如何组织社会？》（*Building Blocs: How Parties Organize Society*）是探讨这一问题的一部不可多得的著作。本书通过对西方国家的政党实践的探讨，例如美国和加拿大左翼政党和左翼政治、土耳其和埃及的宗教政党、印度尼西亚和印度的社会分裂等案例，将目光聚焦于政党相对于社会的自主性，认为政党是构建社会结构最有影响力的政治机构，并提出了政党耦合的理论概念。政党耦合理论的出现不仅对以往政党一味地被社会塑造的理论路径提出批判，还强调了被政党本身能动性生产出来的西方新兴社会群体和身份认同。这一研究对理解当代西方社会极化和分裂现象有较大意义。

关键词：政党社会学　政党—社会关系　政党耦合　左翼政治

政党是西方政治社会学重要的研究对象。与政治学侧重对政党选举机制和党政关系的研究取向不同，政治社会学的核心议题聚焦于“政党—社会关系”这一组关系，即“政党与社会是如何互动的？”“政党和社会之间具有怎样的一种关系？”“政党和社会群体之间的关系如何界定？”等有关问题。西方学界对于“政党—社会关系”的关注，也体现了社会学的分析范式在考察政治现象与政治过程时的学科特色。[①]本文将对2015年斯坦福大学出版社出版的书籍《搭积木：政党如何组织社会？》[②]作深度评议，并探讨其对理解当代西方社会极化和分裂现象的启示和意义。

一、政治社会学的政党议题和经典社会学政党理论

当代政治社会学语境中的“政党—社会关系”滥觞于经典马克思主义对政党的探讨。在经典马克思主义视角之中，政党的特征有多类型的特点，且在“政党—社会关系”中相互穿插。一方面，政党为阶级支配而生，政党和政客之间的斗争本质上是阶级斗争的表现。[③]在对路易·波拿巴的法国第二帝国诞生的政治变迁过程分析中，马克思指出了政党与政党精英是社会结构之中诸多不同的社会阶级与社会群体的代表者，在阶级之间争夺相应利益诉求从而产生阶级冲突的同时，政党成为在政治层面展开阶级斗争的竞争性工具。[④]在政治斗争之中，政党成为一种通过政治行动实现其与代表阶级之利益诉求的组织形式。

另一方面，政党也具有引领社会中阶级形成的功能。对于无产阶级政党而言，其有能力也有使命团结无产阶级力量，也即争夺革命、工人运动、社会建设等社会行动的领导权问题。在《路易·波拿巴的雾月十八日》中马克思批判的对象“流氓无产阶级”，到了《共产党宣言》则成为需要共产党团结的力量之一，并使“思想意识往往集中了庸俗的利己主义和平民精神”的无产阶级及其余工人阶级成为一个具有整体性的阶级。20世纪初在社会主义国家建设的俄国实践中，列宁认为政党正在主动塑造阶级认

① 张跃然：《反映社会还是塑造社会?——国外社会学讨论“政党—社会关系”的两条路径》，《社会学研究》，2017年第3期。

② Cedric de Leon, Manali Desai and Cihan Tugal, *Building Blocs: How Parties Organize Society*, Stanford, CA: Stanford University Press, 2016, p. 256.

③ 马克思：《资本论》第1卷，北京：人民出版社，1975年，第4页。

④ 马克思：《路易·波拿巴的雾月十八日》，北京：人民出版社，2009年，第6页。

同，对于无产阶级政党而言，需要通过革命政党塑造一种新的阶级认同代替保守主义的旧认同。[①]

传统马克思主义的政党研究传统为后续西方政党研究开辟了理论路径。二战之后，以美国与西欧为代表的资本主义的国家产业转型、公司企业化管理与科技进步趋势不断增快，福特式“工人—资本家”（蓝领）劳资关系被办公室式“办事员—管理层—董事会”（白领）劳资关系取代，许多资本主义国家已经成为名副其实的中产阶级国家。在这一环境下，政党形式也随着变迁的社会结构发生剧烈变化。因此，现代政党制度的研究之中，大部分社会学者延续这一传统，强调社会结构对于政党制度/形式的塑造作用（经济基础决定上层建筑），政党为特定社会结构与社会群体的政治载体。也就是说，社会结构和社会群体在因果逻辑中处于政党之前，当社会群体形成共同的身份和利益诉求时，政党的出现就是这些身份和利益诉求的体现和载体。也就是所谓“先有社会，后有政党”。[②]直至今天，这一理论假说仍在政党社会学研究之中占据统治力，并直接带来了政党竞争是反映社会分裂与斗争的讨论，其中最有代表性的分别是西摩·马丁·李普塞特（Seymour M. Lipset）的《政党体制与选民结盟》和乔万尼·萨托利（Giovanni Sartori）的《政党与政党体制》[③]。两本专著付梓后，迅速成为社会结构与社会群体在理解和分析政党政治的主要理论路径和研究参考。[④]

以上这类对“政党—社会关系”的理解基本反映了二战后西方社会政党与社会关系的特点。虽然西方政治社会在七十多年的变迁中具体社会因素也发生了许多变化，该理解路径的适用性也受到了挑战与批评。但是，其对“政党—社会关系”定义的统治力却并未衰减。政党是社会结构的映射

---

① Lenin, V., Speech on the Agarian Question, https://www.marxists.org.

② 张跃然：《反映社会还是塑造社会?——国外社会学讨论“政党—社会关系”的两条路径》，《社会学研究》，2017年第3期。

③ 参见Lipset, S. M. and S. Rokkan, *Party Systems and Voter Alignments: Cross-National Perspectives*, New York: Free Press, 1967。

④ Mainwaring, S., *Rethinking Party Systems in the Third Wave of Democratization: The Case of Brazil*, Stanford: Stanford University Press, 1999, p. 4.

与代表，政党政治则是社会分裂结构的反映，此观点受到了学界普遍的支持，在对20世纪90年代至今天的西欧①、美国②、拉美③、新兴民主化国家④政党的实践考察中，大多学者证实并支持了"政党是特定社会分裂结构的产物"的理解路径。

这一解释路径继承了经典马克思主义认为"社会结构对政党形态的塑造作用"，但却隐含了对西方政党体制深层的社会学批判。在西方日益边界硬化与分裂的社会之中，政党反映的是分裂的社会结构，政党竞争虽然增强了政治体制中的政治活力，但本质上折射的是不同社会阶层、群体之间为追求利益目标，在社会经济发展诸多维度里的激烈竞争或斗争，即政党体制仅为社会群体之间竞争的表现，却不足以解释当代政党通过行动影响社会结构和社会群体的能动性，也无法让人理解为什么当前西方社会中会出现有鲜明党派色彩的社会认同和利益诉求。那么，如果政党被社会结构所决定，政党是否具有组织社会的相对独立性？

二、政党组织社会：政党耦合理论的提出

近些年来，西方民主国家呈现出非常严峻的社会割裂与结构极化现象，与此同时，西方政党的政策目标和议题设置也同时呈现出与社会极化类似的政治极化趋势。有数据表明——2019年美国乔治城大学政治和公共服务研究所的调查显示，74%的美国人相信美国存在非常严重的政治、种族和阶级分裂。学者们对这一现象观察发现，政党及其候选人在政治竞争

① Bartolini, S. and Peter, M., Identity, *Competition, and Electoral Availability. The Stabilisation of European Electorates 1885–1985*, Cambridge and New York: Cambridge University Press, 1990.

② Rueschemeyer, D. Stephens, E. and Stephens, D., *Capitalist Development and Democracy*, Chicago: University of Chicago Press, 1992.

③ Yashar, D., *Demanding Democracy: Reform and Reaction in Costa Rica and Guatemala*, Stanford, CA: Stanford University Press, 1995.

④ Kitschelt, H., "The Formation of Party Systems in East Central Europe," *Politics and Society*, vol. 20, no. 1, pp. 7–50.

的过程中对社会分裂议题宣传、鼓动与执行起到了关键作用——例如在有关当代美国社会运动的文献中，绝大多数的学者都认为政党对运动形成具有能动性。[①]社会身份和行为者是政治过程的产物：如果没有政党，分裂的社会形态就无法构成自己。[②]因此，从新马克思主义视角对政党影响社会塑造进行的研究应运而生，逐渐成了当代西方政党与社会关系研究的主流政治社会学学说。其中最具代表性的成果就是由三位著名社会学者塞德里克·德莱昂（Cedric de Leon）、马拉尼·德赛（Manali Desai）和奇汗·图格尔（Cihan Tugal）编著的《搭积木：政党如何组织社会？》。本书的参编者和章节撰写者众星璀璨，除了以上三位学者以外，还包括加州大学伯克利分校社会学系教授迪伦·莱利（Dylan Riley）和麦吉尔大学社会学系学者巴里·艾德林（Barry Eidlin）等顶级北美中青年政治社会学学者。在如此明星阵容面前，本书在2016年荣获"美国社会学协会政治社会学分会杰出贡献奖"似乎也不足为奇。在书中，三位编著者提出了一种"政党耦合"（party articulation）理论框架，借助该框架，以美国为代表的各个政党积极主动地在有一些共同特征但还没有共同身份的人中构建社会裂痕，并在这个过程中确定哪些社会裂痕是政治争论的突出问题。与此相反，分裂代表着政党与其社会基础之间意识形态联系的恶化，使原先的社会群体崩溃。通过这一框架，本研究将政党不仅置于政策制定的中心，而且作为社会的结构化力量，即"作为社会组织能力的政党来源"。[③]

① 参见Goldstone, J., *States, Parties, and Social Movements: Protest and the Dynamics of Institutional Change*, Cambridge: Cambridge University Press, 2003；以及Meyer, D. S., "Opportunities and Identities: Bridge-Building in the Study of Social Movements," in *Social Movements: Identity, Culture, and the State,* edited by D. S. Meyer, N. Whittier, and B. Robnett, Oxford and New York: Oxford University Press, 2002, pp. 3–21。

② De Leon, C., Desai, M. and C., Tugal, "Political Articulation: Parties and the Constitution of Cleavages in the United States, India and Turkey," *Sociological Theory*, 2015, vol. 27, no. 3, pp. 193–218; De Leon, C., Desai, M. and C., Tugal, *Building Blocs: How Parties Organize Society*, Stanford, CA: Stanford University Press, 2016; Desai, M., *State Formation and Radical Democracy in India, 1860–1990*, New York and London: Routledge, 2016.

③ De Leon, C., Desai, M. and C., Tugal, *Building Blocs: How Parties Organize Society*, Stanford, CA: Stanford University Press, 2016; Desai, M., *State Formation and Radical Democracy in India, 1860–1990*, New York and London: Routledge, 2016, p. 5.

本书指出，在20世纪90年代政党自主性思潮的影响下，越来越多的新马克思主义学者热衷于从政党与社会关系之中政党一侧的能动性出发，批评政党映射社会或政党反映社会的理论概念。制度主义延续上文所述“政党—社会关系”研究路径，认为当代卡特尔政党由于组织官僚化与代表社会利益泛化，不再将代表能力视为自己的竞争基础，而将管理技能和效率提升取而代之。在卡特尔政党理论重塑西方政党、国家与社会三者关系的同时，政党通过竞争机制对社会结构进行形塑。[①]在民主政体中，政党会依照竞选效率为基础的“选票最大化”的竞争法则展开议题设置和社群动员。为了争取选票，政党们往往在竞选中扩大议题差异化以争取最大化的选民支持，从而出现了政党政治极化带动社会结构极化与割裂的现象。制度主义从政党竞争的激励机制出发，为理解政党极化乃至社会极化提供了一个理论思路。但是，直到新马克思主义视角出现之前，政党通过怎样的机制深入社会并塑造社会的问题尚未得到解决。

在绪论中作者们指出，他们借助西方马克思主义视角，从葛兰西（Antonio Gramsci）、拉克劳（Ernesto Laclau）和阿尔都塞（Louis Pierre Althusser）等战后西方马克思主义学说中吸收灵感，强调“政党作为行动者对塑造社会具有能动性”这一概念。[②]上文所述的列宁在“革命政党领导权问题”层面对无产阶级政党与无产阶级塑造关系有系列阐述。葛兰西则在这基础上迈一大步，认为任何政党和政治领袖均能塑造集体性社会行动。当人们处于给定的经济领域和物质条件下时，它是关于如何说服、传播、引导和教育人们以特定的思维方式理解其物理环境，从而使用一种特殊的思维方式概念定义了他们的物质利益，然后制定了具体的政治行动。政治领袖和政党完成了这一过程。[③]也就是说，行动者们如何看待给定的经济领域

① Katz, R., and Mair, P., “Changing Models of Party Organization and Party Democracy: The Emergence of the Cartel Party,” *Party Politics*, 1995, vol. 1, no. 1, pp. 5–28.

② 葛兰西：《狱中札记》，葆煦译，北京：人民出版社，1983年。

③ 张跃然：《反映社会还是塑造社会?——国外社会学讨论“政党—社会关系”的两条路径》，《社会学研究》，2017年第3期。

和物质条件，取决于政治领袖和政党建构的意识形态对他们的影响。这是因为，人们生活的环境并非整齐划一的，他们因为具有不同的成长环境、教育经历、情感体验、经济水平，而产生了各异的身份认同和利益诉求。在葛兰西看来，政党与政治领袖的任务之一就是通过一系列具有创造性的政治活动，塑造出各个具有共同体认识的意识主体。[①]在这一过程中，行动者之间生活经验或利益诉求的一部分差异开始被消解，另一部分差异则又被赋予了重要的社会意义，被视为行动者与社会群体区分彼此的标准，政党动态地塑造社会和再生产的群体边界的过程中起到了政党耦合的作用。三位编者从本书伊始就坚持，政党耦合方式——包括修辞、政策、合作等（包括通常归于国家的活动）——独特地赋予了政党“将社会差异政治化”的能力。[②]他们的重点是围绕“转型”问题的“一体化”政党，尽管政党实现转型的能力各不相同。编著者们（以及迪伦·莱利的结论）将他们的方法呈现为新葛兰西式（neo-Gramscian）的：由政党来解释社会经济条件，产生某种政党—社会之间的政治，把特定的组织或社会群体纳入属于自己政党的阵营，继而把其他阵营的社会基础重新分解。

在本书绪论之中，三位编者还简要讨论了替代的政党耦合理论如何一方面有助于我们理解国家，另一方面有助于我们理解西方国家的社会变革。关于国家政治，作者指出，大多数政党理论都没有考虑到“政党如何形成社会和国家本身”，而社会变革学者倾向于将政党视为“次于对特定政治结果的解释”。虽然这部分似乎有些简短，讨论甚至有些笼统，但批评是尖锐且有效的，为该书的主要贡献奠定了基础，即“政党耦合”范式的提出。在这方面，绪论应与最后一章一起阅读，其中迪伦·莱利解释了该方法如何源自葛兰西关于政党霸权与民主之间关系的概念。尽管它与本书的其他部分不同，但最后一章也是关于“政治社会学、政治理论、国际关系和马克

---

① 葛兰西：《狱中札记》，第17页。

② De Leon, C., Desai, M. and C., Tugal, *Building Blocs: How Parties Organize Society*, Stanford, CA: Stanford University Press, 2016; Desai, M, *State Formation and Radical Democracy in India, 1860–1990*, New York and London: Routledge, 2016, p. 3.

思主义社会学”中明显的新葛兰西主义的有益探讨。

鉴于此，德莱昂、德赛、图格尔等政党耦合理论学者认为，政党通常是社会构成的核心，因为它们为社会结构的形成提供了特定的制度逻辑。没有这种逻辑或代之以明确的逻辑，社会的诸多要素——社会关系的不同领域（经济、制度、亲属、宗教、种族等）并不一定会融合在一起。因此，政党耦合就是政党通过政治实践将不同的利益和身份整合到统一的社会政治集团中，以此来使阶级和种族结构呈现社会分裂的态势。所以，社会分裂的基础是社会群体中行动者之间可能的差异，他们没有天生的政治价值，但可能被政党部署以聚集至具有身份认同的特定共同体之内。[①]也就是说，在政党耦合社会的过程之中，政党之间的竞争是通过在政治过程中的能动性与自主性动态地耦合一个个统一的社会政治群体，并借助再生产的这些群体的价值意义边界，将各个社会群体之间的结构割裂，以获取特定的社会群体对其的排他性支持。

基于这一理论框架，本书做了大量基于西方国家政党实践的实证研究。本书由引言、五个实证章节和一个总结性理论章节组成。每个实证章节都说明了政党如何“耦合”或“去耦合”（disarticulate）社会群体，并包括关于美国和加拿大的左翼政治、土耳其和埃及的宗教政党以及印度尼西亚和印度的分裂的讨论。关于美国（特别是19世纪中期的芝加哥）和19世纪末、20世纪初的加拿大政党与社会之间互动的章节，最令人信服地展示了政党割裂社会并将其重新衔接的动态过程，这对围绕新巩固的社会力量和具有变革性目标的整体政党有利。例如，在图格尔的实证研究中，这一政党耦合过程在土耳其的政治现实中呈现了出来，在土耳其，执政的成功和民众对新政党行为的采纳被认为是一个新政党成功实现对社会“耦合”的证据——无论这一过程是多么短暂；以及制度化、拉拢和衔接之间的界限是多么模糊。又例如，英国出卖劳动力的工人不一定会支持更关乎工人

① De Leon, C., Desai, M. and C., Tugal, *Building Blocs: How Parties Organize Society*, Stanford, CA: Stanford University Press, 2016; Desai, M., *State Formation and Radical Democracy in India, 1860–1990*, New York and London: Routledge, 2016, p. 19.

利益的工党，其政治态度取决于政党是否能将特定的意义价值赋予工人。如果工人受到政党脱欧主义和贸易保护主义的耦合，他就更有可能支持保守党；而在美国，如果白人工人受到“白人至上”主义和支持持枪运动的耦合，他可能更倾向于支持共和党，抛弃工人支持工党或民主党的这一传统的“想象的共同体”[①]。[②]相比之下，德赛和艾德林都详细说明了政党与先前承诺的社会公众脱离接触的过程，要么是政党采取新的排他性立场，要么是竞争者将这些社会公众排离在外。脱节表明各方达成一致并重新使得社会分裂，却不能明确意味着政党是否发挥这种作用，正如斯莱特所详述的那样，政党耦合对政治稳定有重要的潜在影响。然而，这本书的实证环节探讨不仅于此，在一本有诸多学者一同参与的专著中，作者们制定了一个雄心勃勃的议程。虽然这不是提出宏大理论主张的最常见模式，但编著者们成功地创造了一个连贯的论点，并通过显然朝着同一方向的实证贡献来说明。综上而言，案例讨论为关键政治议程提供了一种对政党敏感（party-sensitive）的路径，诸如阶级形成、向自由资本主义民主的过渡、宗教在政治中的作用、政权更迭和发展等等议题，作者们很好地将这些政治议程与本文主题——政党耦合有机结合在了一起。

或许三位编著者均在西方政党研究领域拥有较大声誉，又或许三位编著者分别在本书中贡献了五个实证性章节中的三个，因此这本书的理论（绪论）和实证部分的连贯性非常出色。而著名政治社会学家迪伦·莱利关于葛兰西讨论的结论在理论层面拔高了本书，并使本书理论和实证部分的衔接更为完美。结论部分还提出了本书前文并未解决的一个问题：为什么不符合葛兰西的阶级分析就一定是一个缺点——如图格尔和德赛的章节同样传达了政党应该如何定位的规范意识。莱利对前述章节的其他批评一针见血，也许可以提出来让作者未来逐步解决。尽管如此，我们也不得不

---

① Eidlin, B., “Why is There No Labor Party in the United States? Political Articulation and the Canadian Comparison, 1932–1948,” *American Sociological Review*, 2016, vol. 81, no. 3, pp. 488–516.

② 2016年和2020年美国大选被认为是受社会极化影响明显的两次大选，在传统制造业的俄亥俄、宾夕法尼亚等州，许多白人工人阶级将票从传统的民主党转投给了特朗普为候选人的共和党。

关注到葛兰西似乎还是证明了这样一个事实：在这些案例中，即使民族和宗教也有很大的地域性或时间性差异，但阶级确实是引发政党耦合，并导致社会裂痕的楔子。

围绕本书我们也可以观察到，政党耦合并非纯粹的自愿主义（voluntarist）可以“为所欲为”地塑造与建构新的社会结构，社会中已有的社会分裂、阶级关系、制度规则和经济环境都会影响政党在政治过程中的能动性。社会分层与社会结构划分基于类别之间的差异。[①]已有社会之中诸如企业和宗族之类的组织使用封闭机制，即在自身周围画出完整的价值和身份边界，然后仔细监控跨越这些边界的流量，使得政党耦合的能动性和自主性不足以重组这些边界固化的群体。因此，政党需要基于特定的社会结构对社会群体进行“去耦合”或“再耦合”。这使得西方政党的政治耦合难以成为打破既有社会不平等边界的力量的同时，又成为强行分割社会、深化社会不平等的动力。政党的政治耦合将不同的利益和身份整合到统一的社会政治集团中，同时基于阶级、民族、种族等社会因素形成了进一步社会分裂的基础。

三、结论与讨论：政党耦合与西方社会极化

政党耦合理论的出现不仅对以往政党一味地被社会塑造的理论路径提出批判，还强调了被政党本身能动性生产出来的西方新兴社会群体和身份认同。这一研究对理解当代西方社会极化和分裂现象也有一定价值。这些思考，也让“把马克思主义带回来”的当代西方社会学思潮得以在当下学界复兴。本书出版后不仅在西方社会学界和政治学界引发重要影响，不少书评见刊于《美国社会学学报》《政党政治》《当代社会学：评论学报》等

① Tilly, C., *Durable Inequality*, Berkeley and Los Angeles: University of California Press, 1998.

具有影响力的学术期刊，[①]而且在国内社科界也引发了相关讨论。[②]然而，这一研究不能阻挡学者们对基于概念意义上的政党感到疑惑。例如，图格尔在结论中提到，一些西方政党可能宁愿忠于自己的事业，也不愿意妥协包容。[③]贯穿始终的假设是，无论政权类型如何，无论它们的政治目标是什么，政党都应该寻求整体性。莱利也正确地指出，稳定的文化霸权并不（仍然）需要一个政党的阐述。我们也可以提出类似的一个命题：以前的阐述给后来的努力留下了什么遗产？例如，在埃及，是穆斯林兄弟会的右翼政党遗产阻碍了一个新的、更有效的政党的出现，还是美国和加拿大政党的长历史和“卡特尔化”，削弱或改变了它们衔接社会的能力？

2020年美国大选被视作美国社会割裂的集中表现。民主党候选人拜登和共和党候选人特朗普差异极大的施政方针形象地反映出美国社会的割裂现象。虽然拜登最终战胜特朗普，但我们同时看到美国保守派选民占比及对特朗普和共和党的支持率均创历史新高。特别是传统民主党票仓的低收入、少数族裔、白人工薪阶级为主的中下层选民对特朗普支持率较2016年进一步提升，这一现象被美国学界积极讨论——什么因素驱动原本支持民主党的工薪选民支持特朗普？有学者认为社会经济焦虑和选民工作偏好左右了选民的意愿。[④]但是，这类分析只关注到了“政党反映社会”的一面，

① 三篇书评分别为Patros, T., Book Review: Building Blocs: How Parties Organize Society edited by Cedric de Leon, Manali Desai, and Cihan Tugal. Stanford, CA: Stanford University Press, 2015. 266 pp. $24.95 paper. ISBN: 9780804794923, *Contemporary Sociology: A Journal of Reviews*, 2015, vol. 45, no.6, pp. 735–736; Sindre G M, Book Review: Building Blocs: How Parties Organize Society. Cedric de Leon, Manali Desai, and Cihan Tugal (eds), Building Blocs: How Parties Organize Society, Stanford, CA: Stanford University Press, 2016; 256 pp.: ISBN 9780804794923, £17.99 (pbk), *Party Politics*, 2018, vol. 24, no. 6, pp. 218–220; Weiss, M L, Building Blocs: How Parties Organize Society, Edited by Cedric de Leon, Manali Desai, and Cihan Tugal, Stanford, Calif.: Stanford University Press, 2015, pp. xii+242. $85.00 (cloth); $24.95 (paper), *American Journal of Sociology*, 2016, vol. 122, no. 1, pp. 305–307。

② 田先红：《政党如何引领社会？——后单位时代的基层党组织与社会之间关系分析》，《开放时代》，2020年第2期；张跃然：《反映社会还是塑造社会？——国外社会学讨论“政党—社会关系”的两条路径》，《社会学研究》，2017年第3期。

③ De Leon, C., Desai, M. and C., Tugal, *Building Blocs: How Parties Organize Society*, Stanford, CA: Stanford University Press, 2016, p. 107.

④ McConnell, C., Margalit, Y., Malhotra, N. and Levendusky, M., “The Economic Consequences of Partisanship in a Polarized Era,” *American Journal of Political Science*, 2018, vol. 62, pp. 5–18.

没有看到“政党组织社会”的另一面。以特朗普为首的共和党通过将社会经济焦虑、选民工作偏好耦合在一起，在工业企业中建构了一种新的身份认同和利益诉求，从而让他们投票行为发生变化，最终界定了“我们”和“他们”之间的社会边界。这种现象明显地出现在传统工业发达的“锈带州”和拉丁裔移民较多的南部州。另外，拜登着重将“劳工就业”与“种族平等”为基础的意识形态耦合在一起，批评共和党特朗普执政时期的新冠疫情、劳工经济、种族矛盾与气候变暖四大危机，以期通过“劳工就业”与“经济复苏”的话语体系将白人与其他种族的工人阶级与中产阶级重新动员进入一个新的“劳工群体”整体中，对抗特朗普整合的“白人优先”的右翼化群体，以期将2016年失去的白人工人阶级与中产阶级选票拉回民主党。从这一角度看，2020年美国大选是对美国当前社会结构进行的新一轮动态耦合，并试图产生新的政党化社会群体。

政党耦合理论似乎对近年来欧洲国家右翼政党广泛执政提供了有效解释。受经济复苏乏力、高失业率、难民危机和俄乌冲突带来的能源危机的影响，欧洲正在经历一场加速的政治社会变革，而最大的受益者似乎是许多欧洲国家的极右翼政党：意大利兄弟党在2022年9月25日举行的议会选举中获得胜利；9月中旬，瑞典议会选举结束后，瑞典民主党一跃成为议会第二大政党；6月，法国极右翼政党“国民联盟”也在选举中取得了历史性胜利，成为国民议会第三大力量。欧洲右翼政党将自己定位为“民众不满情绪的代言人”，认为自己正在掀起一场“爱国主义高潮”，将以往支持工党、社会民主党等左翼政党的工薪阶级整合进自己的阵营。例如意大利兄弟党领袖梅洛尼向工薪阶层选民承诺，自己当选总理后将执行严格的移民政策：“将抢夺本地工作岗位的一切非法移民阻挡在国境线外。”又如，2019年英国大选保守党候选人约翰逊大获全胜，原因是在野党工党未能成功将留欧的中产阶级、受民族主义影响的工薪阶层和年轻人耦合成一个群体——而在2017年大选中工党的耦合曾是成功的。2017年胜选之后，工党的政策从中左偏向极左，使得原本被“留欧”“工薪阶级”“自由主义”等话语耦合在一起的群体走向离散。工党为动员工薪阶级力量，往往以街头抗议社会运动为手段，使得群体中非工薪阶级“脱欧”派和“留欧”派都不买工党的账。这一举动恰恰与“耦合”背道而驰，政党割裂了不同议题之间创造联系的可能性，缩小了原本建构起来的社会群体认同边界。

凭借政党耦合理论，我们可以预见新马克思主义视角在社会学领域中的复兴，这不仅为我们理解当代西方“政党—社会关系”的现象动态带来了启迪，而且为探索中国特色社会主义政党与社会关系提供了参考。正如亨廷顿所言：“政党力量的第二个方面是组织的复杂性和深度，特别是体现在党与工会和农民协会这样一些社会、经济组织的联系方面。”所以，政党对社会的引领能力是无产阶级革命政党的关键特征。[①]与西方政党在社会制造分裂不同，在当代中国的政党实践中，中国共产党始终坚持以人民为中心，始终把人民立场作为党的根本政治立场，通过基层党组织拉近政党与社会距离，实现将党的作用与群众的日常生活勾连起来，让人民群众不断有切切实实的获得感、幸福感、安全感，强化了社会凝聚力并建构了党对基层社会的引领。而在未来，如何进一步理顺政党、国家和社会关系，深化政党对社会的引领作用的这一组议题，不仅关乎国家治理体系和治理能力现代化发展目标，而且关系到政党执政之基的持续巩固。可以预见，在“将政党带进来”[②]逐渐成为当代中国社会科学研究重要议题的当下，且政党机制成为对社会现象不可替代的重要解释因素之时，政党耦合理论为“政党—国家—社会”关系范畴的跨学科思考、运用、建构提供了一个较有价值的参考支持。

① 高岭、朱宝清、李立：《把“政党”带入农民革命——一项近代农民革命的比较历史研究》，《北大政治学评论》，2022年第2辑。

② 景跃进：《将政党带进来——国家与社会关系范畴的反思与重构》，《探索与争鸣》，2019年第8期。

政党政治如何推动外交转向？

——评西方政党体系下的内政外交互动

杨子堃

剑桥大学政治与国际关系学院

摘　要：“层次分析法”提出六十余年来，内政与外交的联动一直是西方国际关系与政治科学的研究重点。21世纪的选举常态化与大选不确定性的外溢效应进一步凸显了“政党政治—外交”关系的重要性。既有研究基于体系层次，指出了政党推动外交变革的两种方式：传递意识形态与促进政府联合。2021年出版的《西方民主中的政党体系与外交转型：沟壑、思想与竞争》（*Party Systems and Foreign Policy Change in Liberal Democracies: Cleavages, Ideas, Competition*）则向传统的双层博弈发起了挑战。通过比较20世纪60年代末西德的“东方政策”、80年代加拿大同美国签署自由贸易协定与1999年希腊放弃对土耳其加入欧盟的一票否决权三个案例，本书从自由主义和建构主义的视角重新剖析彼得·古勒维奇（Peter Gourevitch）的第二意象反转与罗伯特·普特南（Robert Putman）的双层博弈，提出了“政党外交转向”这一创新概念。一方面，作者安杰洛斯·克里索格罗斯（Angelos Chryssogelos）将政党政治重新解读为动态的党派竞争，并选择“外交转向”这一概念作为因变量。另一方面，该研究反思了政治学与国际关系的传统分工，是一次联通比较政治与外交政策分析两大领域的积极尝试。

关键词：政党政治—外交　党派竞争　外交转向　第二意象反转　双

层博弈

尽管西方国际关系学界经常强调国内政治与国际政治的二元对立关系以凸显其学科独立性，但两者之间的互动仍然是备受关注的关键问题。从华尔兹（Kennanth Waltz）体系理论的“同类单元体”①、古勒维奇的“第二意象反转”②到普特南的“双层博弈”③，国内政治逐渐实现由自变量向因变量的转变，成为单元层次和跨层次分析国际事务的重点。

21世纪的全球化浪潮进一步模糊了国际与国内政治的边界：宣扬极端主义和无政府主义的跨国组织正在挑战传统主权国家对暴力的垄断；新一轮民权运动与民主化活动的兴起展示了国内行为体蕴含的巨大政治潜能；以“一带一路”为例的新范式正不断推动国际生活机制化的进程。在此背景下，国际关系理论尝试将国内政治这一单元层次变量引入体系理论中，并随着该转型过程演化出了国内制度与行为体两个研究方向。④

然而，作为国内政治主要行为体，政党在外交与国际关系中的角色与影响却少有关注。⑤在政治学—国际关系传统学科分工的限制下，政党外交陷入了两个停滞不前的状态：一方面，比较政治分支过度关注了美国选举政治与利益集团对外交偏好的塑造作用，而另一方面，坚信“政治止于水边”的外交分析派则将剥离党派的“差异、组织形式和内部决策过程”，使其沦为同质化的暗箱。⑥2016年的特朗普胜选与英国的脱欧公投更加凸显了

---

① Kennanth Waltz, *Man, the State and War*, New York: Columbia University Press, 1959, p. 213.

② Peter Gourevitch, “The Second Image Reversed: The International Sources of Domestic Politics,” *International Organization*, Vol. 32 (1978), pp. 881–912.

③ Robert D. Putnam, “Diplomacy and Domestic Politics: The Logic of Two-Level Games,” *International Organization*, Vol. 42, No. 3 (1988), pp. 427–460.

④ 韩召颖、赵倩：《国内政治、对外政策分析与国际关系理论》，《中国与国际关系学刊》，2018年第2期。李巍、王勇：《国际关系研究层次的回落》，《国际政治科学》，2006年第3期。

⑤ 梁益坚：《国际关系体系理论的微观分析方法》，《国际展望》，2013年第6期。Tapio Raunio, Wolfgang Wagner, “The Party Politics of Foreign and Security Policy,” *Foreign Policy Analysis*, vol. 16, issue 4(October 2020), pp. 515–531.

⑥ 梁益坚：《国际关系体系理论的微观分析方法》，《国际展望》，2013年第6期。

政党“乱象”对国际政治的冲击。“政党政治—外交”这一关系对学者们理解学科范式之争以及预判国际形势有迫切的理论和现实意义。

本文从“政党政治如何推动外交转向”这一问题入手，尝试在文献综述的基础上检视其在西方国际关系、对外政策分析与政党政治中的发展轨迹、研究方法与路径发展，并重点关注安杰洛斯·克里索格罗斯在新作《西方民主中的政党体系与外交转型：沟壑、思想与竞争》中所提出的创新理论——政党外交转向。[①]本文对比了这一概念与古勒维奇的第二意象反转之间的异同，同时，在普特南双层博弈的基础上提出了政党的三层博弈模型，进一步探寻政党外交转向的理论价值与实证意义，通过讨论本书的创新性与局限性，希望对该研究领域有所贡献。

一、国际关系学的政党—外交关系讨论

在西方国际关系的语境下，“政党—外交”的概念深嵌于国内与国际政治的互动中，并随着对外政策研究（Foreign Policy Analysis）这一分支不断发展。20世纪50年代的国际关系学科正经历现实主义与行为主义的第二次论战，逐渐占据上风的后者为学者研究核心决策团体与领导人综合国内外要素的联通能力奠定了方法基础，并见证了对外政策研究三大范式的诞生。

其一，20世纪60—70年代间，斯奈德等人（Snyder et al.）在《决策作为研究国际关系的一个方法》一书中，打破国家这一形而上学的抽象体黑箱，将决策解读为决策者与环境之间的一种多层次、多原因、多行为体参与的组织行为。[②]逐渐壮大的决策过程与机制流派随即演化出了两大重要分支：一是由埃利森（Graham Allison）、亨廷顿（Samuel Huntington）、

① Angelos Chryssogelos, *Party Systems and Foreign Policy Change in Liberal Democracies: Cleavages, Ideas, Competition*, Abingdon, Oxon/New York, NY: Routledge, 2021.

② Richard Snyder, H. W. Bruck and Burton Sapin, *Decision Making as an Approach to the Study of International Politics*, Princeton: Princeton University Press, 1954.

汉普林（Morton Halperin）、希尔斯曼 （Roger Hilsman）等人主导的官僚政治分支；二是以简尼斯（Irving Janis）等人为首的心理学小集团动力分支。[①]

其二，斯布罗特夫妇的《国际政治背景下人与环境关系假设》一书在既有研究的基础上进一步剖析了决策者微观层次上的心理状态。他们称决策者的头脑不是一片空白，而是一个由情绪、记忆、态度、信仰等内部要素与社会、经济、国家、政治等外部要素共同组成的环境。心理环境与行为环境的交互影响共同塑造了决策者在外交事务上的表现。[②]在此基础上，斯布罗特夫妇又继续将研究内容细分为三个分支：信仰与认知过程，决策者个性，以及民族与社会特性。[③]

其三，罗斯瑙（Rosenau）的《对外政策的前理论与理论》一文中做出了比较对外政策的积极尝试，希冀寻找一种宏观、普适性强、可供科学方法验证的普遍理论，并以此建立系统性的分析机制。[④]令人遗憾的是，尽管"前理论"为后续的研究指明了一条可能的道路，该路径逐渐产生的多种定量与定性的不确定性阻碍了罗斯瑙雄心壮志的实现。

20世纪80年代，新一轮新现实主义与新自由主义间论战的开始标志着对外政策研究逐渐式微。虽然学者观察到了"过去二十五年国际关系学科重新转向内政与决策"的趋势，[⑤]该学科仍然面临着被边缘化的困境，既未能

① Graham T. Allison, *Essence of Decision: Explaining the Cuban Missile Crisis*, Boston: Little, Brown and company, 1971. Morton H. Halperin, *Bureaucratic Politics and Foreign Policy*, Washington D. C.: the Brooking Institution, 1974. Irving Janis, *Groupthink: Psychological Studies of Foreign Politics Fiascoes*, Boston: Houghton Miffin, 1982. Charles F. Herman et al., eds., *New Directions in the Study of Foreign Policy*, Boston: Allen and Unwin, 1987. Roger Hilsman, *The Politics of Policy-Making in Defense and Foreign Policy: Conceptual Models and Bureaucratic Politics*, Englewood Cliffs, NJ: Prentice Hall, 1987. Neustadt, R. E., *Alliance Politics*, New York: Columbia University Press, 1970.

② Horold and Margaret Sprout, *The Ecological Perspective on Human Affairs with Special Reference to International Politics*, Princeton: Princeton University Press, 1965.

③ 张清敏：《外交政策分析的三个流派》，《世界经济与政治》，2001年第9期。

④ Rosenau, James N., "Pre-theories and Theories and Foreign Policy," In *Approaches to Comparative and International Politics*, J. C. Charlesworth, New York: Free Press, 1966.

⑤ Kaarbo, Juliet, "A Foreign Policy Analysis Perspective on the Domestic Politics Turn in IR Theory," *International Studies Review*, vol. 17, no. 2 (2015), pp. 189–216.

在西方国际关系学界自立门派获得充分的话语权，也尚未形成严密的系统性与网络化研究体系。其尴尬的境地在国际关系的范式之争中更加明显：现实主义理论仍坚持将内政—外交视为服从于系统的次要意象，而承认个人决策者、社会、文化等非国家要素重要性的自由主义与建构主义也未能清晰阐明内政会在何种情境下以何种方式与外交联动。

作为国内政治的重要组成要素，政党政治毫无疑问受到了强调"自由民主"的西方国际关系学和对外分析学的充分关注。大量文献聚焦了他们的民众代言人与国内政策执行者的双重身份。作为联通民众和政治上层建筑之间的桥梁，政党一方面要培养选民的政治素养，收集分析他们的偏好与选择，以及传达他们对政府与国家身份、公信力、合理合法性以及效率的评判与诉求；另一方面还要行使决策权力，利用政治专业技能来实现选举过程，运行立法、司法、行政机构，并实现国家的各项政治目标。[①]强调政党是国内政治中的不可或缺的角色的研究多活跃于自由主义与建构主义的范式之下，并逐渐发展出了两条主要路径：意识形态分支与政党联盟分支。意识形态路径通常将政党简化为决策者、利益集团、官僚体系与社会的物质利益与理念偏好的载体。李普塞特（Seymour Martin Lipset）与罗坎（Stein Rokkan）在其经典作品中强调：随着中心—边缘与工人—所有者等社会分野被"冻结"于政党政治中，党派在社会经济与文化方面的物质与理念差异将直接或间接地影响它们的外交偏好。[②]拉斯本（Ryan Rathbun）则在聚焦社会意识形态光谱后发现：左派政党对国家利益的多元化理解使

① Cox, Gary and Mathew Mccubbins, *Legislative Leviathan*, Berkeley, CA: University of California Press, 1993. Therien, Jean-Philippe and Alain Noel, "Political Parties and Foreign Aid," *American Political Science Review*, vol. 94, no. 1(2000), pp. 151–162. Leon Epstein, *Political Parties in Western Democracies*, New York: Praeger, 1967. Dalton Russel and Martin Watternberg, "Unthinkable Democracy: Political Change in Advanced Industrial Democracies," In *Parties without Partisans: Political Change in Advanced Industrial Democracies*, Oxford: Oxford University Press, 2000, pp. 3–16. Schuster Jurgen and Herbert Maier, "The Rift: Explaining Europe's Divergent Iraq Policies in the Run-Up of the American-Led War on Iraq," *Foreign Policy Analysis*, vol. 2, no. 3 (2006), pp. 223–244.

② Lipset S.M. and Stein Rokkan, "Cleavage Structures, Party Systems and Voter Alignment: An Introduction," In Lipset S. M. and Stein Rokkan, eds., *Party Systems and Voter Alignment*, New York: The Free Press, 1967, pp. 1–64.

其偏好于人权正义、发展援助，以及其他具平等性且包容性强的外交基调，而右翼政党则在维护现实国家利益与安全的问题上寸步不让。[①]霍夫曼（Stephanie Hofmann）等人则进一步还原了左—右政治光谱的国内国际环境，重点观察了政党、行政机构与立法机构之间的博弈过程。[②]相较于侧重研究政党在外交中的位置的意识形态分支，政党联盟分支聚焦于政党在外交中的具体表现：在西方代议制民主制度下，党派不再是物质与意象的载体，而成为独立的拥有清晰自我诉求与偏好的行为体，可以通过参与或抗争两种方式来影响外交的走向。党内关系与政党关系成为该分支研究的两大重点，前者包含了决策者与党内派系间的联合与竞争，而后者则反映了不同党派间利益、身份与认知上的求同存异。[③]

然而，整体分析可知，当前学者对政党参与和影响外交政策的分析多为浅尝辄止，并呈现出了四个局限性：其一，从研究的关注点来看，现有成果研究方向的地域重心多为美国与欧盟，重点关注了经济一体化与社会福利等国家利益，很少触及国家安全以及其他关键外交因素。[④]这种欧美中心论与“低政治”倾向并未展示跨国政党直接影响国家核心实力与存亡的可

---

① Rathbun Brian C., *Partisan Interventions: European Party Politics and Peace Enforcement in the Balkans*, Ithaca, NY: Cornell University Press, 2004. Rathbun Brian C., “Hierarchy and Community at Home and Abroad: Evidence of a Common Structure of Domestic and Foreign Policy Beliefs in American Elites,” *Journal of Conflict Resolution*, vol. 51, no. 3(2007), pp. 379–407.

② Hofmann Stephanie C., “European Security,” In *NATO's Shadow: Party Ideologies and Institution Building*, Cambridge: Cambridge University Press, 2013. Raunio Tapio, Wagner Wolfgang, “Towards Parliamentarization of Foreign and Security Policy?” *West European Politics*, vol. 40, no. 1(2017), pp. 1–19.

③ Jeffrey S. Lantis and Ryan Beasley, “Comparative Foreign Policy Analysis,” In *Oxford Research Encyclopedia*, vol. 4, May 2017. Kaarbo, J & Beasley, “Taking It to the Extreme: The Effect of Coalition Cabinets on Foreign Policy,” *Foreign Policy Analysis*, vol. 4, no. 1(2008), pp. 67–81. Peake, J. S., “Coalition Building and Overcoming Legislative Gridlock in Foreign Policy, 1947–98,” *Presidential Studies Quarterly*, vol. 41, no. 4(2002), pp. 67–83. Ozkececi-Taner, B. “Review of the Literature on Sequential/Dynamic Foreign Policy Decision Making,” *International Studies Review*, vol. 8, no. 3(2006), pp. 545–554.

④ Afke Goren, “Loose Coordination or Ideological Contestation? Transnational Party Activities of German Political Parties on the EU Military Operation EUNAVFOR Med,” *Foreign Policy Analysis*, vol. 16(2020), pp. 608–627.

能性，而这种忽视在政治全球化与政党多样化的环境下显得尤为危险。其二，从研究方法来看，该领域的学者多属于社会学解释学派，其定性小样本研究设计与微观分析方法削弱了研究结果的外部效应，无法形成一个宏观视角下要素众多、体系复杂的理论，同时显得与现行国际关系研究的主流理性实证主义定量方法格格不入，不能有效地打破国际关系与对外政策分析间的学科壁垒，在范式之争中保留研究的独立自主性。其三，从研究理论成果来看，国际关系学者和历史学家在该话题上的不断深耕带来了一个棘手的问题："外交是政党政治的延伸和投射"逐渐成了一个易受挑战的常识性观点。即便政党对外交政策有显而易见的影响，其塑造外交政策结果的前提条件、情景、方式和机制仍然不甚分明，需要一种系统性的理论阐释来证明该观点的说服力与合理性。[①]其四，从研究的实证意义上看，现有的政党—外交理论既不能准确预测或复盘选举过程中产生的小概率离群事件（特朗普胜选与英国脱欧），[②]也不足以解释政党变动在国际事件中产生的散发性、暂时性、不具有重复性的影响。

二、超越第二意象反转：政党外交转向理论的提出

2021年，政治学新秀安杰洛斯·克里索格罗斯又一次接过了学界尝试实现政党政治与外交政策有机统一的重担。他在自己的新书《西方民主中的政党体系与外交转型：沟壑、思想与竞争》中提出了一种破局方法：第一，克里索格罗斯呼吁在研究中用外交转向（foreign policy change）取代外交结果（foreign policy outcome）。与静态的、结果导向的、涉猎范围广的外交结果相比，外交转向这一概念更加关注政策在特定话题上的变化过程，呈现出了迅速（swiftness）、创新（newness）和实质性

① 宋伟：《外交与内政如何得以有机统一——基于位置现实主义的视角》，《国际政治科学》，2018年第4期。Angelos Chryssogelos, *Party Systems and Foreign Policy Change in Liberal Democracies: Cleavages, Ideas, Competition*, Abingdon, Oxon/New York, NY: Routledge, 2021, p. 11.

② Angelos Chryssogelos, *Party Systems and Foreign Policy Change in Liberal Democracies: Cleavages, Ideas, Competition*, Abingdon, Oxon/New York, NY: Routledge, 2021.

强（substantial）的特点，并提高了跨时空和跨领域比较政党政治的实操性。第二，他加入了巴尔迪和梅尔（Bardi and Mair）等人[①]对政党一元化（monistic）的反思，把分析单元从政党拓宽到融合了党派身份意识与竞争策略的政党体系（party system）。作为行为体的党派在互动与竞争的过程中逐渐形成对意识形态与系统性约束的主体性共识，并在与系统相互塑造、互相影响的过程中产出一套政治语言（the language of politics）。[②]因此，在建构主义的框架下，既有研究中的意识形态—政党联盟路径并不是相互对立、互相排斥的，它们的联通对解决这一问题有关键性的促进作用。

以变化取代结果作为分析轴线，强化个体—结构联动后，克里索格罗斯形成了一个创新性的理论——政党外交转向。政党外交转向承认普特南与古勒维奇的双层结构观点，认为国内与国际政治环境彼此独立，各为系统，且可以同时对国家的外交政策产生影响并导致外交的转型。一方面，国际政治环境的变化可以带来物质性的权力再分配与认知性的规范倡导与阻滞。从苏联解体的宏大系统性变革到土耳其突然决定退出《伊斯坦布尔公约》，国际政治变化的范围大小不一，其影响的时长也是长短不定。然而，当明确外交转向为“对既有做法的明确偏离，如推翻或从实质上改变某一特定政策领域中的既有政策”时，克里索格罗斯强调，国际环境变化带来的压力并不一定会导致外交政策的改变，因为既得利益者们与路径依赖强烈的决策者们会有意识或间接地维护现状。[③]因此，国际变化对外交政策影响的显化需要国内层面的支持。另一方面，国内政党环境的变化通常发生

---

① Bardi, Luciano and Peter Mair, “The Parameters of Party Systems,” *Party Politics*, vol. 14, no. 2 (March 2008), pp. 147–166. 袁正清：《国际关系研究方法论的探讨需要本体论的观照——来自建构主义理论的启示》，《世界经济与政治》，2004年第1期。

② Angelos Chryssogelos, *Party Systems and Foreign Policy Change in Liberal Democracies: Cleavages, Ideas, Competition*, Abingdon, Oxon/New York, NY: Routledge, 2021, pp. 11–18. Peter Mair, *Party System Change: Approaches and Interpretations*, Oxford: Clarendon Press, 1997.

③ Helen T. Wagnera, Susan C. Mortona, Andrew R.J. Dainty and Neil D. Burnsa, “Path Dependent Constraints on Innovation Programmes in Production and Operations Management,” *International Journal of Production Research*, vol. 49, no. 11(June 2011), pp. 3069–3085.

在话语权的竞争中，并促使理性的党派重新检视定义自己的身份认知与博弈的利害关系。只有当国际变化真正改变了政党竞争中的政治语言，向其展示了新的策略优势与意识形态之后，党派决策者才会尝试摆脱长久以来依赖的政治路径，向公众证明政策转向与长期界定的国家核心利益相符，使自身行为合理合法化。[①]基于此，克里索格罗斯的政党外交转向论包含了两个主要部分。第一，外交政策是国家对外运作条件与环境和国内政党结构的均衡点。第二，国际动态与国内政党政治变化是外交政策转向的两个必要条件，二者相互作用，缺一不可。如图1所示，国际动态提供了政党竞争与意识形态革命的新环境，而政党竞争则将国际环境变化转化至外交政策的“时间、内容、程度与政策领域”。[②]

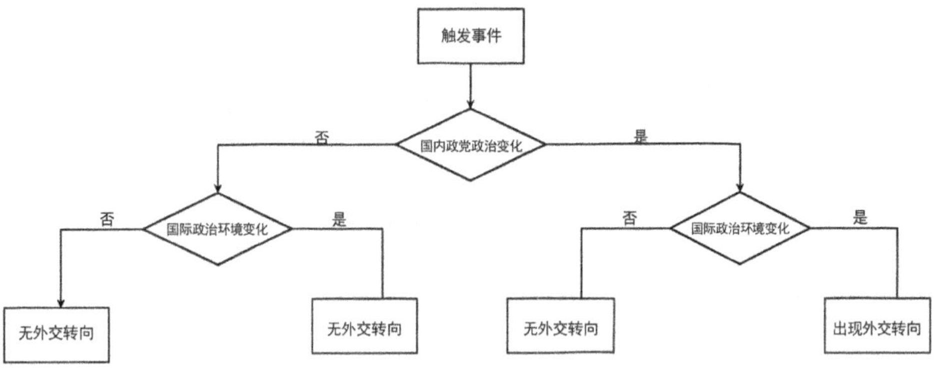

图1　政党外交理论示意图（作者总结）

毫无疑问的是，政党外交转向与经典的第二意向反转有许多异曲同工之处。首先，两者都默认了国际体系与国内政治互为因果的观点。前者明确了国家的外部限制与约束条件，即国家的权利、经济活动与财富的分配，后者则强调了政党作为行为体在“特定事件、特定决策、政策、制度类

① Chryssogelos and Angelos-Stylianos, “Transnational European Party Federations as EU Foreign Policy Actors: The Activities of Europarties in Eastern Partnership States,” *Journal of Common Market Studies*, Vol. 55, no. 2(2017), pp. 257–274.

② Angelos Chryssogelos, *Party Systems and Foreign Policy Change in Liberal Democracies: Cleavages, Ideas, Competition*, Abingdon, Oxon/New York, NY: Routledge, 2021, pp. 1–10.

型与联盟类型”中的位置、相互作用、表现与偏好。[1]其次，克里索格罗斯的理论创新精准地回答了古勒维奇在1978年提出的四个研究问题。东西两德关系正常化、加拿大经济全球化、希腊与土耳其关系的欧洲化三个案例具体解读了这些国家在世界经济中的位置，辨析了政府和社会要素在定义政策选项上的角色，明确了政党系统中的既得利益者与反对者如何控制利益联盟，并展现了党派修改政治语言来实现政策合理化，提高其成功率的过程。[2]同时，政党外交转向理论也实现了对第二意向反转的超越。首先，如图2所示，与古勒维奇的“外→内→外”单向型分析模型相比，克里索格罗斯的“政党变化⇄国际变化”模式更贴近于普特南的双层博弈模式，有助于促进学者们形成跨层次的多元行为体研究方式。其次，政党外交转向理论填补了现有文献中“微观基础”（micro-foundation）在理论构建和实证研究中的缺失。一方面，该理论深入挖掘了长期被过度简化或忽视的第二意向，重点阐明了外交转向在政党政治与国际形势变化两个层面的因果传导机制。另一方面，由于政党在西方代议制民主国家可以一定程度上反映人民的诉求与偏好，该理论可以将视野从狭义的决策者团体拓宽到“公民个体”，从而提升层次分析法的实证性与分析力。[3]另外，政党外交转向理论强调党派规模大小与其对外交的影响之间并无必然联系。通过选择西德、加拿大与希腊三个权力经济规模大小不一的国家，作者展示了政党在不同环境下独特的适应力与灵活性，进一步挑战了反转的第二意向所关注的强国家（国家为中心的政策网络）—弱国家（社会为中心的政策网络）界定的局限性，凸显了后者实证研究的局限性。

---

① Peter Gourevitch, “The Second Image Reversed: The International Sources of Domestic Politics,” *International Organization*, vol. 32(1978), pp. 881–912. 曲博：《国内政治、国际关系与国际政治经济学研究》，《国际政治研究》，2006年第2期。盛盈仙：《全球气候变迁议题与国际关系理论》，《全球政治评论》，2012年第39期。

② Gourevitch, “The Second Image Reversed: The International Sources of Domestic Politics,” *International Organization*, vol. 32(1978), pp. 906–907.

③ 蒙克：《超越反转的第二意象——国家间战争、个体社会流动和福利国家的军事起源》，《世界经济与政治》，2018年第7期。

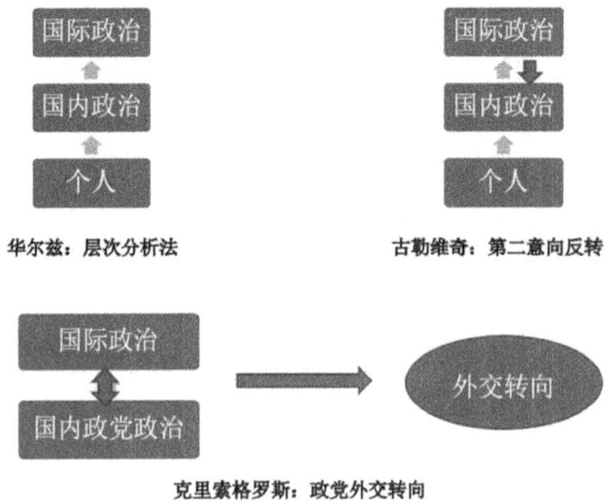

图2　层次分析三种理论一览

三、政党外交转向：从双层博弈到三层博弈？

从表面上看，政党外交转向理论仍然属于普特南双层博弈的范畴。双层博弈强调，在外交谈判中的决策者既需要在国际谈判场合衡量双方诉求，尽可能巩固和扩大国家安全与利益（第一层面），又需要平衡来自国内选民的压力、利益集团游说或政党间的权力斗争（第二层面）。来自两个层面的压力多次相互碰撞，互相影响。普特南强调，谈判制胜的关键要素有三：国内选民的偏好（preference）和党派联盟（coalition）、国内的政治制度（institution）以及谈判者策略（negotiation strategy）。当行为体的利益与身份高度集中时，受到制度约束较少的决策者可以指派经验丰富、声望较高的谈判者来提升外交转向的成功率。①

然而，仔细对比两者可知，政党外交转向理论点出了双层博弈模型存

① Robert D. Putnam, "Diplomacy and Domestic Politics: The Logic of Two-Level Games," *International Organization*, vol. 42, no. 3 (Summer 1988), pp. 427–460. 刘萧翔：《国际政治与国内政治互动之评析》，《欧洲国际评论》，2007年第3期。盛盈仙：《全球气候变迁议题与国际关系理论》，《全球政治评论》，2012年第39期。

在两个主要的问题。其一，在分析第二层面的利益斗争时，该模型的支持党—反对党二元分类不能完美地契合一些国家的实际情况。尽管普特南将此模型的适用范围界定于西方的民主国家中，但正如本书第四章中泛希腊社会主义运动党（PASOK）在缓和希腊与土耳其的关系中所展示的，态度强硬的鹰派国家决策者很可能忽略来自反对党的声音，削弱国内权力分配的影响。同时，尽管政党在外交中的位置与态度通常根植于不易改变的社会文化与经济上的分野，但是策略与利益的转向会在一定程度上为其立场和偏好的变动准备条件。克里索格罗斯在第二章中发现，"东方政策"在西德的推动主要得益于联邦总理勃兰特（Willy Brandt）成功拉拢了德国社会民主党（SPD）的长期政敌自由民主党（FDP），通过两党结盟打败了主要竞争对手——德国基督教民主联盟（CDU）。因此，国内政治行为者间并不是绝对的二元敌我分明，而是存在着一种流动性强的灵活频谱（spectrum），需要更精细、解释力更强的理论框架。[①]其二，普特南的敌我竞争叙事同样延伸到了国际层面，更多关注了国家间利益与意识形态的对抗，而对国家结盟或国家加入既有国际组织与阵营却少有着墨。本书中展示的西德认可东德政权、加拿大加入自由贸易阵营，以及希腊借土耳其向欧盟示好的案例，均展示了两国博弈过程中常被忽略的联盟层面。换言之，克里索格罗斯在政党外交转向模型中进行了一项大胆的尝试：超越双层博弈模型，形成一种执政党与国内反对党、谈判对方国家，以及其所尝试接触的国际组织或联盟之间的三层博弈机制。

既有文献对三层博弈的探讨十分有限，视野多局限于欧盟经济一体化与成员国参与标准的国际协调过程，并提出了国内、国际与共同体（community）的三个层面。[②]相比之下，政党外交理论的三层博弈不但突

① Angelos Chryssogelos, *Party Systems and Foreign Policy Change in Liberal Democracies: Cleavages, Ideas, Competition*, Abingdon, Oxon/New York, NY: Routledge, 2021, pp. 55–108. 孙德刚：《结盟外交与国际安全竞争中的"三层博弈"模式》，《国际论坛》，2008年第6期。

② Sarah Collinson, "'Issue-systems', 'Multi-level Games' and the Analysis of the EU's External Commercial and Associated Policies: a Research Agenda," *Journal of European Public Policy*, vol. 6(1999), pp. 206–224.

破了以欧洲为中心的研究方向，更重新设计了层次分析中的三个意向：

国内的政党交锋构成了博弈最基础的第一层面。在感知到国际环境变化所带来的新的策略优势、竞争空间、权力重新分配与理念转向后，主要执政党成为全新的利益—规范倡导者（interest-norm entrepreneur），试图改革“价值理念与行为准则，通过各种手段推动（反对党）与其他行为体接受自己所提的”新策略与观念。[①]执政党的领导人可以选择攻击反对党坚持的传统身份与策略内容，强调其不确定性、模糊性与混乱性，将心理上与证据上的压力转移到反对党身上，也可以采取程序化手段（procedural tactics），指出结构性变革带来的存在性威胁（existential threat）或成熟的变革时机，从而批判传统政治语言过于理想化，与现实情况不适配。例如：1960年，在缓和政策逐渐取代美苏对抗的大背景下，德国社会民主党（SPD）成功将政党策略斗争的重点从意识形态对抗转移到西德的现代化上，而这一新身份也为其赢得了自由民主党（FDP）的支持，促使该党派联盟在外交中击败了仇视东德的德国基督教民主联盟（CDU）。1988年，自由贸易与经济全球化的兴起为加拿大保守党创造了外部环境。保守党提出的全新国家统一的身份概念，倡议向边缘化社群放权，以此推翻根植于泛加拿大民族主义的贸易保护政策。1999年，面对冷战结束后的欧盟崛起，希腊泛希腊社会主义运动党（PASOK）逐步摆脱其民粹主义—民族主义的形象，转向了更符合欧洲社会民主要求的左翼身份，从而推动了与土耳其双边关系的欧盟化。

执政党与对方国家的国际谈判构成了博弈的第二层面。博弈是围绕着国际权力分配、经济利益与核心安全所展开的竞争。因此，当执政党重塑国内政治语言，向选民和反对党合理化了安全博弈成本和位点的变化后，新的外交变化的国内支持成本下降，从而缩小了国家谈判时的获胜集合。如图3所示，当A国的选民支持增加，制度约束减少后，新的政治语言使得

① 陈拯：《规范阻滞及其策略——以中俄等在“保护的责任”演进中的实践为例》，《世界经济政治》，2019年第6期。

其获胜集合变小，缩小了合作范围与可能性。然而，整体来看，有限的获胜集合落在了离A利益最大化位点更近的位置上，有利于A国谈判者合理调动决策资源，制定战略目标，推动外交转向。[①]

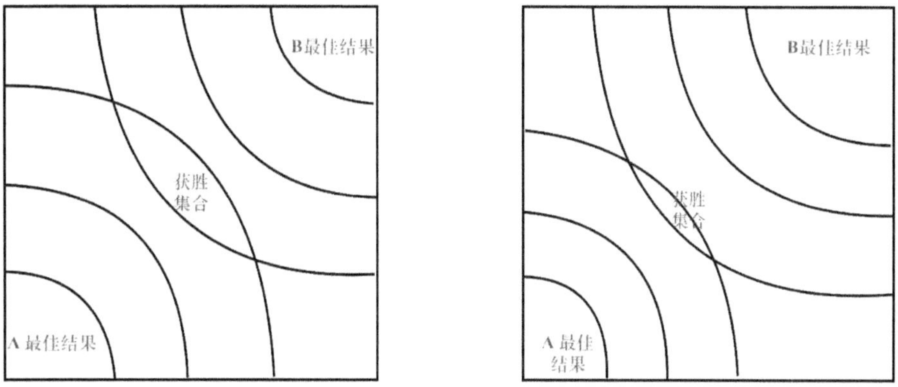

国际形势与国内政治语言未发生变化时　　国际形势与国内政治语言改变后

图3　国内国际政治环境语言变化的博弈影响（作者分析）

国内主要执政党的国际联盟的合作竞争构成了博弈的第三层面。加入国际联盟或国家阵营实则是一种行为体的社会化过程。在此过程中，行为体要明确其在联盟中的位置以及相应的规则规范，确保自身的身份认知和价值判断与集体理念保持一致。同时，通过让渡主权、牺牲经济利益、受到集体制约等缴纳“入场费”的方式，行为体将自身的国家利益放在联盟的总利益池（interest pool）中，并享有“使用公共物品，享受共同安全红利”的权利。[②]因此，正如孙德刚所指出的，参与国际联盟的执政党拥有三种互相影响的身份。

① 盛盈仙：《全球气候变迁议题与国际关系理论》，《全球政治评论》，2012年第39期。孙德刚：《结盟外交与国际安全竞争中的“三层博弈”模式》，《国际论坛》，2008年第6期。

② 孙德刚：《结盟外交与国际安全竞争中的“三层博弈”模式》，《国际论坛》，2008年第6期。游启明：《共同社会化与中国的国际秩序战略》，《国际展望》，2021年第2期。

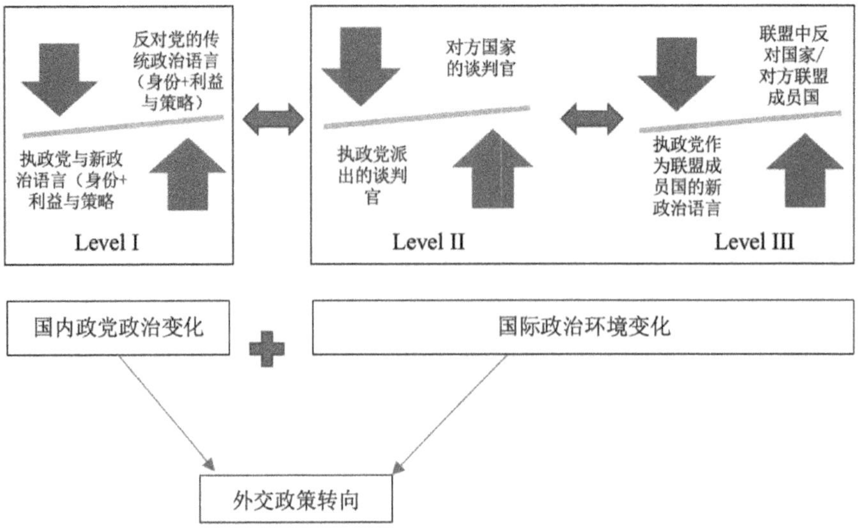

图4　政党政治外交转向的三层博弈模型（作者分析）

首先，它是国内选民与政党的身份与利益的代言人，肩负着抵抗联盟中反对党的责任。其次，它是联盟的保卫者，需要对抗偏离联盟价值、“试图捞取利益，拒绝责任”从而导致“公共物品透支”的成员国家。最后，在面对联盟意识形态的对立方时，它又是联盟的传声筒。在三重观众的关注下，执政党通常会诉诸“胡萝卜加大棒”的手段。一方面，决策者在统一国内意见后会让渡一定的经济利益与国家主权，倡导互惠互利，派出经验丰富的谈判者通过高层互访建立互信，用口头承诺或签署战略合作协议、提供对外发展援助的方式换取对方的妥协与合作①；另一方面，执政党则会使用威慑手段，用潜在的来自联盟强国的攻击和抛弃威胁联盟的异议者或敌对联盟的成员国。在此背景下，国家的大小与强弱不再是衡量谈判优势和影响力的唯一分界线。全球化下国家的相互依赖使得拥有地缘优势和独特资源与能源的小国拥有更多的谈判权，通过声称退出（threat of exist）或者背叛（threat of betrayal）的方式，实现自己的战略目标。

将三个层面统筹之后，我们就得出了一个体系庞大、过程复杂的以政

① 孙德刚：《结盟外交与国际安全竞争中的“三层博弈”模式》，《国际论坛》，2008年第6期。

党为基础的博弈机制。如图4所示，政党政治外交转向理论从执政党的角度出发，展示了其统筹国际系统性变化与国内政治语言转向，同时在国内政党斗争、国际谈判与联盟博弈中的合作竞争并存，强制与妥协共生的特点。外交转向的实现需要政党在系统性变化下的精密计算与谨慎操作，而外交转向的出现也会为下一步的国际国内形势变化蓄势，从而实现内政与外交的有机联动与统一。

四、结论与讨论

政党政治如何推动外交转向？克里索格罗斯的新书为这个经典问题提出了全新的解答。在国际环境发生巨变的格劳秀斯时刻（Grotius moment），作为主要行为体的执政党获得了在国内重构身份认知、安全与利益以及权力分配的新契机。倡导新的策略与规范的它们不仅需要向国内选民和反对党证明国内转向的合理性，更需要在联盟与国际谈判过程中威慑与利诱对方，以最大程度地巩固自身的利益与安全。与传统的“第二意象反转”和“双层博弈”不同，“政党政治—外交”模型实现了跨层次多行为体分析，所涉及的政党体系、决策者认知与领导者个人思考、规范倡导者的物质与认知平衡、官僚组织机制等要素无疑是一次引导国际关系学中自由主义与建构主义对话的尝试。该模型并不意图推翻现有对外政策研究成果中的意识形态分支与政党联盟理论，而是试图将两者置于政党竞争与政党体系的语境下，实现宏观、微观系统的联动。研究方法方面，该模型试图将国际关系实证主义层次分析法与社会学结合起来。本体论导向的政党外交研究试图解释具体行为的动因，偏向于使用单元层次的微观分析方法，而政党研究需要借助社会学、经济学与心理学等学科方法分析官僚政治模式、组织结构、心理观念以及组织过程等关键要素，[①]从而补充国际关系学

① Graham T. Allison, “Conceptual Models and the Cuban Missile Crisis,” *The American Political Science Review*, vol. 63, no. 3(1969), pp. 691–798. Jerel Rosati, “Developing a Systematic Decision-Making Framework: Bureaucratic Politics in Perspective,” *World Politics*, vol. 33, no. 2(1981). Kaarbo, Juliet, “A Foreign Policy Analysis Perspective on the Domestic Politics Turn in IR Theory,” *International Studies Review*, vol. 17, no. 2(2015), pp. 189–216.

科一贯以来形成的理性主义宏观视角，有助于学者们打破国际关系—政治学的学科壁垒。①

尽管如此，本书与理论模型依然展现出了五个明显的缺陷。第一，虽然克里索格罗斯坚称国家大小不会影响政党对外交的影响，但其选取的案例却不自觉地聚焦了中等强国的政党系统，对西方民主政体下的小弱国家——如印度尼西亚、韩国、南非等的关注较少。因此，政党政治外交转向是否只是西方大国的特权还有待商榷。第二，虽然作者在讨论"转向"概念时呼吁学者关注各种程度的变化，但是在选择案例的时候仅仅关注了规模巨大、影响深远的系统化改变，如冷战结束、经济全球化与美苏对抗缓和，不自觉忽略了如英国脱欧和特朗普胜选之类的阶段性突发事件。第三，本书仅聚焦于20世纪中后期的西方民主国家政党—外交联动，却未曾对21世纪的情况加以评论。该案例的选择偏见（selection bias）不禁让人质疑该理论模型的跨时空解释能力与外部有效性（external validity）。第四，虽然本书明确其研究对象为西方民主国家，但是对西方民主的定义并未加以深究。何为真实正统的西方民主？在西方国际社会右翼极化政治、民粹主义与种族主义盛行的背景下，传统的民主概念是否也应该迎来转变以适应国际形势的发展？关于这一些问题，本书并未给予相应的回应。第五，虽然作者在绪论中强调了对中国、巴西、伊朗、俄罗斯的忽略，对西方国家的关注在无意间也会强化国际关系研究中西方—非西方的二元分类，将一些崛起国家的课题边缘化，构建一种学术话语权上的中心与边陲关系。因此，在后疫情时代带来的逆全球化浪潮、政党政治混乱与本体安全危机的关键时刻，政党体系下的内政外交互动仍然是中国国际关系与政治学的重要研究议题。

① Waltz, Kenneth, "International Politics is Not Foreign Policy," *Security Studies*, vol. 6(1996), pp. 54–57.